心一堂彭措佛緣叢書・索達吉堪布仁波切譯著文集

一世敦珠法王自傳

一世敦珠法王　著
索達吉堪布仁波切　譯

Sūnyatā

書名：一世敦珠法王自傳
系列：心一堂彭措佛緣叢書‧索達吉堪布仁波切譯著文集
作者：一世敦珠法王
譯者：索達吉堪布仁波切
責任編輯：陳劍聰

出版：心一堂有限公司
地址/門市：香港九龍尖沙咀東麼地道六十三號好時中心LG六十一室
電話號碼：(852)2781-3722　(852)6715-0840
傳真號碼：(852)2214-8777
網址：www. sunyata. cc
電郵：sunyatabook@gmail.com
心一堂 彭措佛緣叢書論壇：　http://bbs.sunyata.cc
心一堂 彭措佛緣閣：　　　http://buddhism.sunyata.cc
網上書店：　　　　　　　http://book.sunyata.cc

香港及海外發行：香港聯合書刊物流有限公司
香港新界大埔汀麗路36號中華商務印刷大廈3樓
電話號碼：(852)2150-2100
傳真號碼：(852)2407-3062
電郵：info@suplogistics.com.hk

台灣發行：秀威資訊科技股份有限公司
地址：台灣台北市內湖區瑞光路七十六巷六十五號一樓
電話號碼：(886)2796-3638
傳真號碼：(886)2796-1377
網絡書店：www. govbooks. com. tw
經銷：易可數位行銷股份有限公司
地址：台灣新北市新店區寶橋路235巷6弄3號5樓
電話號碼：(886)8911-0825
傳真號碼：(886)8911-0801
網址：http://ecorebooks.pixnet.net/blog

中國大陸發行‧零售：心一堂‧彭措佛緣閣
深圳流通處：中國深圳羅湖立新路六號東門博雅負一層零零八號
電話號碼：(86)0755-82224934
北京流通處：中國北京東城區雍和宮大街四十號
心一堂官方淘寶流通處：http://shop35178535.taobao.com/

版次：二零一三年八月初版，平裝

　　　港幣　　　八十八元正
定價：　人民幣　　七十八元正
　　　新台幣　　二百九十八元正

國際書號 ISBN 978-988-8266-26-5

目　錄

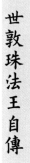

一世敦珠法王自傳

目
錄

一世敦珠法王自傳

前　言

　　在這裡，有藍得讓人心醉的天，如詩如畫的雲，還有我樸實無華的小木屋……生活了二十多年的喇榮山谷，不僅孕育了我的智慧生命，還長養了我的智慧身體。對她這份深深的情、濃濃的意、縷縷的眷戀，一般人尤其是沒到過這方淨土的人不會讀得懂，但久居於此的道友，則定會產生共鳴。

　　提起喇榮，自然會想到一世敦珠法王。

　　一世敦珠法王，是蓮花生大士座下最著名的二十五位大弟子之一——切穹譯師的轉世，是受蓮師親自委派的度生使者。他充當「第二大佛陀」蓮花生大士的事業代表，曾於距今一百多年前，來到人間藏土，在我們這個喇榮山谷建立道場，培養弟子。其高足中，除了八大菩薩化現的八大身子之外，還湧現出一大批獲得虹身成就的心子。當年大師身邊的一百多位修行人中，就有十三位在此地虹光而逝，可以說在寧瑪派教史上寫下了不可磨滅的光輝一頁。

　　至尊上師法王如意寶晉美彭措，亦源於此而建起了如今舉世矚目的喇榮五明佛學院。所以，感念本傳的法脈、源流，我們內心尤為歡喜。

　　一世敦珠法王，在不同的神山、神湖中，開取了大量伏藏品，著重弘揚伏藏法。他不辭辛勞，將眾多伏藏法門

一世敦珠法王自傳

1

立成文字，留給後世，廣泛利益了無量有情。

他這部自傳與眾不同，並非介紹普通人的生平事蹟，而是展示了一位伏藏大師畢生中一幕幕的精彩片段：從誕生於世的因緣一直到臨近事業圓滿，六十二年的幾許經歷裡，既有俗人所面臨的生活拮据等問題，也有不可多得的教言，又有實地修行的秘訣。當然，大多數都是成就者超凡的境界、玄妙的夢境。

當你閱讀這部傳記時，仿佛走進了一個全新的神奇世界，種種不可思議的境界令人歎為觀止、難以置信。但事實上，對凡夫來說，在大成就者的境界面前，見聞覺知的範疇極其有限，好似天盲一般，又如井蛙相仿。為此，書中提及的高深莫測之雙運、降伏事業，希望大家既不要想當然地去妄加揣測、品頭論足，也不可抱有偏見、邪見，更不能隨意效仿而行，否則將會毀壞自己。

作為有識之士、有緣之人，通過翻閱此傳，相信必會對甚深密法生起信解，並得到不可言表的加持。至於無緣者，我磨破嘴皮也起不到作用，因而只有隨緣了。

此密傳的翻譯，是因嘉貢.阿旺羅吾兄弟二人多次誠摯勸請，本人實難推卻，儘管法務繁忙，但還是盡可能地抽出時間。如今已經翻譯圓滿，然由於時間倉促，難免會有疏漏之處，萬望諸位智者海涵。

最後，祈願眾生早日證悟真諦！

二零零八年一十月五日

譯者書於喇榮靜處

前言

2

一世敦珠法王自傳

索達吉堪布譯

那莫革日班瑪嘎繞益！

（頂禮上師蓮花生！）

> 三時諸佛智慧身，智悲力藏蓮花生，
> 不離安住頂輪飾，攝受傳人予慰藉。
> 凡夫輾轉漂輪迴，種種業及諸行為，
> 立文字成厭煩因，知此我無著書想。
> 然徒勸請實難卻，各種覺受如波紋，
> 如若廣說無盡頭，清淨覺受此略述。

　　如果首先沒有簡略地講講自己的種族源頭，別人就不會知道祖祖輩輩的血統，這樣一來，就會有招致人們說「如林中猴子」的弊端。為此，簡介一下。

　　金厄拉則熱巴的史料中記載：「噶、東、柱、札，加上瓦、金，共有六氏族。」這是大德的語言，確鑿可靠，所以在這裡也是一種依據。

　　古人們也說：木擦噶、阿波東、色穹札、阿甲柱四大氏族，瓦、金兩小族，合稱為西藏古代六氏族，這與前面的說法顯然是一致的。按照漢地的《曆算》中記載：「結合五族、五行、五色等等，東氏棕族土行，札氏白族金行，柱氏藍族水行，古氏紅族火行，噶氏綠族木行。」其

中歸為五大血統。如果把這一切依次羅列起來，也並不矛盾。關於上述的六氏族中的瓦、金兩小族，在兩類語種當中並沒有詳細對應的分類，於是將這兩族合而為一，如此六氏族就歸為五種，這兩小族也明顯變成了「古氏族」，這就是可以歸屬在五大血統中的原因。

我本來的種姓，是屬於阿甲柱氏族或者柱氏藍族。以前，柱氏藍族的一部分出現在努氏境內，安住大聖者果位的桑吉益西和第二大佛蓮花生大師的心子南卡釀波比丘等受生為人的種姓，就叫做努氏族。與這些阿闍黎成為同一血統的努氏一部分，漸漸地，從該地來到康區東部青海湖附近黃河中游居住。在那裡，所有後代的努氏族人們在世規方面已經達到了智勇雙全的頂峰，湧現出一些諳熟劍、矛技藝的人物，似乎堪為人中之最，其中的一位住在容欽，被人們稱為容塔，他的名字逐漸成了氏族的名稱。從此之後，他的所有後嗣，就被人們共稱為「容塔」。

後來，蒙古的一位皇帝試圖無餘統治他方，於是發動大批軍隊，那些努氏族的人們被驅逐出境，他們想逃到很遠的地方，便依次經過了許許多多的領域，到了南部多康一帶，當地的「札甲空」是漢人挖金的一個洞穴，人們一致就用它來稱呼那個地方，努氏的那些人就在那裡的東氏中住了下來。在這以前的容塔民族，稱為努氏前容世系，現在諾若、東混、哦西、容塔等本是一族，而形成了各自的名稱。

那麼，「札甲空」屬於什麼地方呢？它位於下區青康

一世敦珠法王自傳

4

六高地①之一木雅熱岡的中央，是康區二十五大聖地（即神山）之一。巴雅札嘎神山或者瓦益桑給札嘎神山，早在以前被邦.麥彭滾波加持成黑魯嘎的修行地，在該地的左方有涓涓的河流，被共稱為札甲空。位於那裡的所有鎮區人以及上方的一切牧民也都通稱為「甲空人」。

居住在當地的前容傳努氏族的施主有三兄弟，他們各自的兒子、孫子、曾孫、玄孫的後代中有大傳、中傳、小傳，所有這些都被叫做後容傳努氏。其中小傳的一方，湧現出依靠瑪倉.噶當派優良法規而獲得成就的塔波嘉燦、教法證法的教主格波嘉燦、二次第證悟卓越的釋迦嘉燦或者後來也被人稱為塔格釋迦嘉燦這三大嘉燦等為數不少的大德。後來，小容傳努氏中，炯、德二人漸漸遷移。

夏嘉木絨上方的河流分成三支，共稱為多科河、色達河、瑪爾河。大炯羅來到達科上方，小德嘎被人尊稱為阿德，愛稱為德羅，他在色達敦釀古的地方安居下來，生了三個兒子，長子華札、次子滾嘉、小子達吉。

滾嘉在多科上方居住，從此他的種族就叫做色古，後來在則多地帶延續下去。

華札到了多科的下方，因為來自於札甲空，所以就被稱為那一氏族，由於在多科上下地方定居而被人們叫做上甲空和下甲空。

一世敦珠法王自傳

---

①下區青康六高地：也叫下區朵甘思六岡。古代藏文典籍中分康青藏地方為上中下三區。下區青康一帶，依水流和山勢起伏情形，又分為色莫岡、擦瓦岡、瑪康岡、繃波岡、馬雜岡和木雅熱岡。金沙江和雅礱江間偏北地方為色莫岡，怒江和瀾滄江之間為擦瓦岡，瀾滄江和金沙江間偏北地區為瑪康岡，金沙江和雅礱江間偏南地區為繃波岡，青海省境黃河以南至雅礱江上游以東為馬雜岡，雅礱江中游以東為木雅熱岡。

達吉住在自己的地方，就稱為甲木熱。我的父親阿丹是屬於滾嘉傳宗接代的後種族，母親屬於木擦噶氏族，名叫哦奏，他們在十五勝生周羊年生下我。正是由於這種原因，被共稱為三大密咒王的索、素、努其中之一的小容傳努氏，在以前就是持明瑪德繞那的轉世東方伏藏大師等許多大德出生的種族，由於我出生在這樣的世系中，因此可算是門第高貴。

柱族努氏的大傳中人智勇雙全，中傳的人受用豐厚，小傳中湧現出數量可觀的成就者。關於父母的種姓血統已經簡明扼要地介紹完畢。

> 大能仁王佛教中，種姓門第非主要，
> 然為表明善業報，諸大尊主此世間，
> 誕生在富貴族中，我也於此領域內，
> 轉生高尚種姓理，以簡短句而表明。

那莫革日曼殊師利！

（頂禮上師文殊菩薩！）

具足百萬福德童子相，　宛若金黃初生之朝陽，
傲然而居無畏雄獅上，　文殊語獅賜予妙吉祥。

雖如三密無量之功德，　賢妙諸大聖者之傳記，
可歌可泣奇蹟皆不具，　難以廣大成為他眾利。

然為正直虔誠信心增，　老人自述平生之話語，
凡能記起不增不減言，　不辭辛勞而負起此擔。

　　往昔，法身本師大金剛持佛為了弘法利生，而在所化
對境前示現色身，就是眾所周知的瑜伽自在具力金剛，他
為千佛灌頂，被授權為三界法王，他為了利益眾生發下如
此大願：「在賢劫千佛的教法沒有圓滿之前，願我的殊
勝化身連續不斷應世，隨機廣利有情。」依靠這一清淨願
力，在每一佛的教法期間都示現一百位化身饒益有情。其
中，在我等大師釋迦佛時代，化現為聲聞舍利子，接下來
是持明吽欽嘎繞（八大持明之一）、卓萬（地名）切穹譯師，嘎土
單巴得香、哲戒卓（地名）的那巴黑巴秋炯、前持明降魔金
剛，後持明敦珠如巴匝。敦珠如巴匝他就在札嘎札那現在
這個地方，使黑白羅的魔眾紛紛皈入佛門，最後他於木猴
年前往妙拂洲蓮花光宮殿。

一世敦珠法王自傳

其後，在五百年濁世，為了鎮壓嘉索邊地的殘暴軍隊，蓮花生大師賜予灌頂、發願之後，凝然目視著上方廣闊的虛空感慨說道：「唉，濁世的眾生真可憐，發邪願的野蠻人依靠惡咒和定力，使人們所積累的牲畜如夢般消失，播下種子的果實被霜摧毀無遺，魔左右心相續，相互欺騙，無可信賴的對境，甚至連自己也不信任，被疾疫、飢饉、刀兵的熏煙所逼，我的所化以願力結緣的男女，沒有示道的善知識，猶如無親無故的盲人般迷失方向，漂泊在無邊無際的生死輪迴，引誘騙人的邪師紛紛湧現，無有見解而盲修瞎煉，追逐分別念，以心觀心尋覓苦樂，認為是究竟的見解，一無所知而放任自流，聲稱大手印、大圓滿如此如此的欺人之談，積累色界天之業將被拋至那裡，大圓滿的日輪已被雲遮蔽，看看將螢火蟲視為太陽之人！」最後蓮師自然安住。

空行母益西措嘉請求說：「奇哉悲哉！上師仁波切，當今正值五濁惡世之際，剛強難化迷惑的眾生雖說難以救度，然而依靠願力結緣的一切士夫，已被引領誤入黑暗的歧途，淪落到無邊無垠的輪迴之處，祈請能化事業的使者，幻化持明大德。」

鄔金蓮花生大師答言：「請你諦聽，智慧空行措嘉，具有前世修行宿緣的大德，在藏地多康地方，密教的餘光興起的地點有一些所化有情，他們被各執己見的上師控制，不由自主，那久尼丹多吉依靠夙願力，力所能及調伏有些所化，那就是示現色身持明降魔金剛（即一世敦珠法王），

別無其他，依靠三界自在本尊上師的助伴，能懷柔攝受他心，現在所有持明男女瑜伽，在俱胝由旬處拋撒鮮花，哈達鋪路，伴著種種樂器，為降魔金剛餞行。」

我想到自己厭離輪迴，並且濁世的眾生難以調化，於是恭敬合掌這樣稟奏：「奇哉！三世佛陀的殊勝總體，永久殊勝的依處鄔金仁波切（蓮師），大慈大悲聽我說，祈求予以開許。」

蓮師又再度教誨：「請聽，敦珠札波匝，濁世眾生雖難以調化，然而依靠前世願力相繫，三千有緣之士成為你的所化，一生獲得解脫的大士五百有餘，你的事業使者，湧現出二十五位君臣化身，另有十位利益眾生的化身伏藏大師，七位極其優秀的密咒師，化現為你的子孫，必將利益眾生毋庸置疑。因此持明王你，示現忿怒金剛，與護法神相依為伴，作為前世有緣父母之子，行持我的事業，時機已經成熟，現在就去吧！」蓮師的命令嚴厲，我無法抗拒。

當我觀察前世有緣的父母是誰時，發現昔日嘎托降魔金剛的父母死後投生為人，依上所述，屬於阿甲柱氏族的父親和屬於木擦噶氏族的母親二人依靠願力而結成夫妻，見到他們是有緣的父母之後，伴隨著無量勇士、空行母灑降花雨，我前去入母胎。

在這以後，母親也經常在夢裡見到勇士、空行眾保護並作沐浴。木羊年八月（酉月）初十的晚上，母親分娩，太陽臨近升起，眾人有目共睹：我家帳篷的裡裡外外都是彩

一世敦珠法王自傳

虹縈繞，彩虹射入屋內。

當時，父母迎請晉美（即無畏之義）上師，他賜予了長壽灌頂，上師親口說：「以前，我就總覺得你們二人如果結為良緣，是最好不過的，這與今天早晨彩虹射入帳篷兩者完全一致。今日，我在境界中也感覺到你們的這個兒子是一位無與倫比的活佛。不依靠別人也會甦醒種姓，必定饒益他眾，因此要做到清潔，時而也要進行熏煙、沐浴。」

打那以後，到三歲之間，我覺得總是看見空行母們跳著優美的舞，唱著動聽的歌。母親也屢屢夢到這種情形。晚上的時候，我時而會看到：出現妖魔鬼怪來威脅生命，他們與勇士、空行們展開激烈的戰鬥，連續不斷現出恐怖的景象，當時我一邊驚慌一邊想喊媽媽，可是心裡想說卻不會表達，就使勁地哭，在沒有睡著之前，我們母子倆一直感受著痛苦。

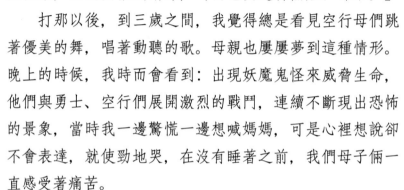

一世敦珠法王自傳

三歲

　　我三歲的那一年是雞年，在二月初八那一天，看見媽媽準備去挖人參果，我也想跟著去，媽媽走時便把我拴在帳篷門邊就離開了，正當我哭得昏迷時，一個女子來到面前，我認為是媽媽回來了，可當我定睛一看時，原來是一位身色潔白、十分美麗的空行母，她一邊柔聲地說「我是你的母親，快到這裡來」，一邊把我抱到懷裡給我餵奶。我剛剛吮吸她的奶，立刻感到全身心安樂無比。

　　隨後，那個女子說：「孩兒呀，你願意去母親的樂園嗎？」說完便帶著我來到了東方數多世界以外琉璃寶色的剎土。那裡廣闊無垠，周圍由如意樹環繞著，中央是形形色色鮮花點綴、帶有四扇門、四方形的無量宮殿，造型美觀，布局典雅，令人感到舒心愜意。裡面，珍寶座蓮花日月上安坐著無疑王如來，他相好莊嚴，右手作施依印，左手結定印，身著三法衣，雙足金剛跏趺。在他的右側是明遍主菩薩，左側是解脫王菩薩，二位菩薩身色分別是白色和紅色，光彩奪目，他們用供雲恆常敬獻無疑王如來，口中也恭恭敬敬讚歎……

　　另外，宛如空中群星般的男女菩薩畢恭畢敬向如來頂禮膜拜，隨即說此偈頌：「南無！諸部壇城殊勝性，世尊如來前頂禮，救度我等漂輪迴，眾生遠離三有海。」他們一邊恭敬作禮一邊虔誠祈禱。結果從無疑王如來的心間放射出五彩光線融入我的心間，使我領受到空樂智慧。

一世敦珠法王自傳

之後，那位如來親口說：「孩兒呀，你是我的法太子，授予你密宗金剛灌頂，你就會獲得共同、殊勝成就。」說著一個水晶寶篋被遞到他手中，裡面似乎用白紅藍染料繪有「嗡啊吽」文字的圖案。如來說：「這是父親的寶物，你要毫不猶豫地吞下去。」我聽話地一吞而盡，依此使我回憶起許多法門，以前的生生世世中聽聞、修行的宿緣以及所有生圓次第就像刻印一樣了然呈現在心裡，在這種狀態中安住片刻之後，一切都如夢初醒般消失於法界中了。

這時，我的媽媽來到我跟前急切地說：「這個孩子哭昏過去以後是死了還是生病了？」她哭著對爸爸說：「快去喊上師呀！」當晉美上師被請來以後，就給我傳了長壽灌頂並作了大量攝壽儀軌②，他說：「這個孩子並沒有得病，好像是甦醒了前世修行的宿緣。」

當時，我以神通觀察，發現他前世是降魔金剛的叔叔「擦普古欽巴」，依靠願力成為了我的上師，並擔任市民監③。從那以後，一切魔障鬼神尋隙興風作浪的現象自然而然就銷聲匿跡了。

在那一年四月初十的晚上，我夢到：一位來自鄔金清淨空行剎土的女子對我說：「孩兒呀，你去西方鄔金境內吧！」說完帶著我就走，好似射箭一樣飛向上方由旬以外

三歲

---

②攝壽儀軌：攝神、仙、器、情世間之一切壽命精氣，入於人身，使之延壽的儀軌。
③市民監：原西藏地方政府監視城市俗家居民的官吏。

的空中，越過層層的山巒、深谷，到了盡頭時，漫山遍野都是爍爍發光的乾骷體，全無草木，各種兵器的森林裡仿佛迸發出利刃的襲人寒風。所有江河都是鮮血，湖裡淌著的血流氣泡形似帳篷或帷幕，裡面充滿了人屍馬屍、虎豹熊馬熊等等生靈的屍體，四大的聲音和生靈劈劈啪啪、打打殺殺的喊聲真好像千聲巨雷同時震響一樣傳出，整個視野所有的色相就是數不清的男女忿怒尊，他們手裡拿著兵刃，在家俗人男男女女也是兵革相戰，火借助夾著灰塵的狂風之勢熊熊燃燒，伴隨著聲聲巨響。在這般陰森恐怖、雄壯威嚴、非常可怕的境內中央，有一座屍林新舊骨鎖砌成、又高又廣的三角形房屋，在裡面，層層疊疊新舊人屍組成的座上，空行的主尊金剛亥母，身色藍黑，顯出一副極其恐怖、威風凜凜、格外忿怒的姿態，頭頂上有一頭黑豬面向上吼叫。只見她右手將彎刀揮舞空中以懾服勇士空行眾，左手將現有萬物在托巴裡轉變成血液並且享用，右腳伸、左腳屈做起舞式，天杖夾在腋下，全副屍陀寒林的裝束，在繁星般的空行中央傲然而居。

一世敦珠法王自傳

當我拜見她時，這位空行母自然發聲對我說：「善男子，你被讚為蓮師的法太子，當今惡魔邪惡極其猖獗，善行護神力量實在微弱，尤其你的境內有邪師轉生為一個凶殘惡神，他非時橫死，以嫉妒謀殺諸位大德、持戒僧侶及眾大貴族，凡是隨他轉者都將迷惑成鬼王，他有害於你的壽命、反對佛教，為此我要竭力予以保護。」最後她手掌中射出「旺」、「哈」、「熱」、「訥」、「薩」五個文

字，結果給我穿上了五彩光芒的衣裳，而且從她右乳尖端斷掉一個「瓦」字融入我的心間，使我周身遍布紅光，化為光芒。金剛亥母說：「孩兒，你快回到自己的住處去吧，下半生會廣利眾生。」說完用手撫摸我的頭。正在這時我醒了過來，就像幻術的事物消失一樣，一切都無影無蹤了。

三歲

在同年的十二月初九上午時分，我去羊圈的外面玩耍，視野中，一個身色湛藍的男人騎著鐵馬，右手揮動白色的矛幡④，從我的右方轉繞三圈，隨之摘下虎皮帽說道：「奇哉切穹羅匝瓦⑤，你若未識我面目，我外是阿拉達孜（一座神山），內即贊古卓列神⑥，密即護法九娘舅，昔於也巴紅岩處，鄔金蓮師予灌頂，委付三大伏藏法，賜無量財諸受用，囑咐濁世五百年，我來守護阿甲柱，交付此位伏藏師，想必是你前來觀，今認識我露笑顏。」說完他就消失了。

---

④矛幡：繫在戟矛頸部的彩綢。
⑤羅匝瓦：即是譯師。
⑥贊古卓列神：是阿拉達孜神山的山神。

四歲

　　轉眼我到了四歲，四月初七那天，我在去玩的路邊，遇到一個又陳舊又堅硬的灰堆，我就在那裡挖了許多洞穴放著，上午再去看時，發現在一個洞裡有一隻白色地鼠。雖然我想逮住牠，可是也不敢去抓。

　　過了一會兒，我把小棍插進去，哪成想那隻地鼠蹲著說：

「卟卟剛剛咧咧吠！勝皈依處三寶尊，

　佛陀身智即真實，妙法二諦即真實，

　僧教證德即真實，三寶尊前誠皈依。

　眾生未覺本面迷，耽著迷亂受苦樂，

　一切感受皆痛苦，迷惑眾生誠可悲。

　我乃阿瓊真稀有，來自上方梵天處，

　本是天子名瓦布。稀奇稀有真可笑！

　當觀夏繞達之子，說摧怨敵誰是敵，

　應當解脫誰解脫，口說降魔降何魔，

　口說超離離何者，若是有情即涅槃，

　決定有情惱害我，無悲豈能是菩薩？

　不見自宣自過失，口說大話哎呀呀！

　請捉我後拋水中。天子化為旁生崽，

　旁生化現龍之子，龍子前往帝釋處，

　稀奇遊戲彼處具。」

說著牠跳到我的手掌裡，即刻變成了一隻黑色青蛙，

一世敦珠法王自傳

15

隨後蹦蹦跳跳跑到河邊。這時天空中出現一道彩虹，一直延伸，剛剛延伸到青蛙的上面，那隻青蛙就化為光而隱沒在空中了。

同月的二十八日，正值色達河暴漲的時候，我到河畔去玩耍，發現在「那塔」山山腳下的河中一塊磐石旁邊坐著一位鬚髮斑白的老人，他兩眼凝神注視著自己的懷裡（可能他正在向下垂視觀心性）。我一邊對他有點兒害怕一邊叫了三聲「阿里」，最後他應了一聲「啊」，轉過神來盯著我的臉。

我問他：「你是誰呀？」

他這樣回答說：

「噫噫！大山直沖蒼穹，猶如初風塵聚，眼望上方藍天，有情眼似錯覺。虛空顯現空洞，內執為他所致，大海顯現星辰，空中似執他體。一物成為多種，自現虛妄之相，無人現為老翁，是你錯老觀念，背倚堅硬磐石，你妄二取堅硬，我本是你似老，你誤認為老翁，子現孩童稀奇。你懂這個密意嗎？」

「我根本不懂。」伴著「哈哈」的笑聲，他如魔術般消失了。

四歲

在那年八月初五的晚上，我看到上方的空中有丹頂鶴在成群結隊翱翔，於是就傾聽他們的聲音，結果聽到了這段話：「咯咯，往昔賢妙之一時，佛陀師眷境內聚，濟濟

一堂真歡喜，今唯歷史亦不聞。中期賢妙之一時，大成就者如群星，眷屬眾中轉法輪，彼中眾生真歡喜，今不顯現真悲淒。末期賢妙之一時，藏地眾魔所居處，堪布大師日月起，智者譯師繁星繞，正法興盛眾生樂，如今不存真昏暗。復至時之最末際，獲大成就伏藏師，眷屬百姓環繞時，藏土幸福太陽起，如今不存如夢逝。夏季草青百花嚴，草木葉茂碩果累，住大眾中真歡喜，如今不存如夢逝。我等母子返故里，今五百年濁末時，有情野蠻煩惱重，能調大師雖現世，若鶴母子留康區，後難調化真悲淒，今想去往其他剎，後觀邊地野蠻眾，不久佛法之日輪，由魔邪見烏雲蔽。」說完他們就向西方的空中飛去。

一世敦珠法王自傳

五歲

　　我到了五歲那一年是豬年，六月初十那一天，西南的天空中白雲繚繞，五色彩虹帷幕環繞中，有一位白淨嫵媚、身穿綾羅衣裳的人沿著彩虹道來到我的對面，他遞給我一串水晶念珠，說：「孩兒呀，你如果能念完一億遍六字大明咒（指觀音心咒），下半生就會廣泛利益眾生。」說著融入了我的心間。結果我在幾天當中一切景象都見為觀音刹土⑦，而沒有一絲一毫不清淨的顯相。

　　在那一年的十月二十五日，我到「雅青」山腳下去玩，當時在那裡有一個身色鮮紅、騎著紅馬的人，他順手交給我一個繫著白綾子的箭，說道：「這把箭是紅柳箭，是懷業的聖物，依靠五色彩綢成就四種事業。在未來的兔年，如果把它插在那個山溝裡⑧，福報、名聲都將圓滿齊全，我就是紅黑現巴藥叉，多生累世沒有離開過你，現在我要鼎力協助你的事業。」說著如同魔術一般消失無蹤。

　　在當年的十月十五日中午，我去「雅穹」山溝玩耍的過程中，看見一隻紅色的山兔，當我跟在牠後面時，牠竟然變成了一隻猴子蹲著說：「我是你父親的前妻，是你的繼母亡魂在漂泊。」

---

⑦觀音刹土：一是印度持舟山、二是南海普陀山、三是西藏布達拉山。
⑧那個山溝裡：就是大恩上師法王如意寶晉美彭措生前曾經住的　喇榮地方。

我問牠：「你的命去了何方？你的神識前往哪裡？」

牠回答說：「我的命被女鬼所斷，神識到了貢波地方受身為一條母狗。」

我說：「如果沒有神識，你怎麼能出現呢？」

牠回答：「嘿嘿，執著我才顯現我，神識就是我的緣起。所謂的魂是遺留之人認為有的執著，才顯現為魂。如果讓它沒有，本來就不存在；如果執著為有，就會有我。」說完牠又不知去向了。

觀看覺受虛幻戲，證悟萬法如幻見，

縱然是小小年紀，證悟身卻力無比。

眾生業力不可思，瑜伽覺受見無邊，

法界基現外明已，此外他法無所有。

一世敦珠法王自傳

六歲

我到了六歲，那一年是鼠年，六月初一的早晨，我剛剛醒來，就看見前方的虛空中有一隻黑色的九頭鐵蠍在緩緩動彈，把我嚇得趕緊蒙上頭哭了一會兒。這時，聽到呼喚「阿霍」，我露出頭一看，在鐵蠍的上面有一個人，那個人對我說：「鄙人騎著這隻蠍，來給你捎個口信，忿怒蓮師親口說：你晚上臨睡時，要把自己觀想成一個燃火的鐵蠍，三年之間切切不可忘記這件事，儘管不能常常觀想成旁生，但這次是為了克勝鬼王加害。就是這隻蠍子，快看看，千萬要將牠的這個形象在心裡現得清清楚楚，認認真真看好。」說完他就消失了。

在同年七月的一天晚上，我蒙著頭還沒有睡著的時候，眼前出現一道好似天亮般的光芒，宛若流星般一閃而過，如電掣般的紅光中，出現一位說是顰眉天女的盛怒女人，身色湛藍、令人恐怖，她怒目圓睜地說：「奇哉！至尊度母告訴我，有眾多鬼神反對你，不要忘記在早晨觀想度母，頂禮皈依，切切莫忘！祈禱的時候，念誦：『祈禱至尊度母您垂念，救護一切怖畏與痛苦。』」說完就自然消逝了。

當我再度入睡時，呈現出空樂的覺受，整個晚上顯得只是一瞬間。

在同一年十月二十五日的晚上，我感覺上來到了名叫「色達東讓拉卡」的地方。在那裡，數以千計的空行母聚集一堂，想必眾會的首領是「金剛巴新」，他在濕人頭座上傲然而居，對我說道：「奇哉！具有善緣的大德你，依止本尊忿怒金剛⑨，具備生起次第的要訣而念修到量；依於文殊語獅子，憑藉生起次第的要訣念誦十萬心咒；將蓮花生大師觀在頭頂，念誦七句祈禱文十萬遍，多多念誦成就所願的偈頌；念誦《真實名經》一萬遍。完成這些以後，在你二十二歲的時候意伏藏會自然流露，二十四歲的時候開取出三類地伏藏，四十歲以後利益無量眾生，一般來說，對於發邪願的魔類詛罵、誹謗及結怨等惡心惡行的一切惡果，都能予以消除，到那時，斷除悲喜、希憂的耽著而安住於自己的境界，依此要點能使所有違緣轉成助伴。」他說罷，這一切又如夢般消逝了。

在那一年十二月初十的晚上，在夢境當中，東方的天空中出現猶如十五皎潔月色般的白光，在白雲縈繞之中，大眾以疊環式⑩圍繞，好不熱鬧，聽到各種各樣的不同語音，十分喧囂，這種景象離我越來越近，最後到了我的對面，在其內，說是大悲觀世音菩薩的童子，又白又亮，讓人見而生喜，他端坐在十萬勇士、空行母的中央，對我顯出一副和顏悅色的歡喜神情，諄諄教誨說：「善男子，你

---

⑨忿怒金剛：蓮花生大師八種形象之一的名號。
⑩疊環式：佛教資糧田觀想法之一，觀想主尊高居中央，諸菩薩護法環坐圍繞，座次環環相套，中高外低，疊成半球體狀。

21

心裡觀想我，時而以祈禱的方式念誦六字真言，時而把你的身體清晰觀想成我，以心咒的方式念誦六字真言，我與你永不分離，相依相伴並予以授記，我能遣除一切內外違緣。」正當這時，我從夢中醒來。自從那時起，在夢中，時常有一位白衣童子相伴，他預言我的一切苦樂、凶吉和他眾的苦樂、凶吉等等，對我異常慈愛。

六歲

七歲

　　我七歲的時候是牛年，人們在做新年飯，我出去到高高的山岡上。這時，從空中出現一道彩虹，直射我的對面，順著彩虹之道，說是持明龍欽繞降、身著比丘裝束、相好莊嚴的一位童子來到我面前，給了我兩粒薈供丸。當我吃的時候，覺得味道香甜，品嘗過程中，身心都沉醉在安樂之中。當時，我的心中浮現出這首歌，於是順口唱了起來：

　　「誒！如果你嚮往快樂幸福的地方，就在上面的兜率天上，那是禪定穩固的結果，假設能夠修行，它並不遙遠。

　　永恆不變安樂的源泉，清淨空行剎土，那是甚深生起次第的結果，假設能夠修行，它並不遙遠。

　　自現真實的密嚴剎土，那是真正的法身佛地，自證獲得自在的大圓滿法，它並不遙遠。

　　奇哉真稀奇！我的唯一父親龍欽繞降，今天得以相見，賜給我享解脫丸，空樂的美味令我心醉，如今已是解脫道的開端，前世結緣的諸位男女具緣道友，相續中修行善法，很快就會踏上解脫之道。」

　　我唱完這支歌，所有的會眾都欣然隨喜，倍感稀奇！

　　在同年的十二月十五那一天，我到「坡擦」的山坡上，用鎬挖風化石，在這期間，碰到一塊小磐石，於是我就用棍子再三往上撬，結果把它拋出去了。當時，山縫裡

面五光彩虹的瓔珞繚繞，其中有美妙、動人的五色明點的範圍內一位莊嚴的比丘，身穿法衣、肩披袈裟，一手結說法印，一手結定印，雙足半跏趺坐，他面帶笑容地說：「打開我的門幹什麼？我與世隔絕在這裡已經住了三千年，你依靠往昔的願力才得以見到我。即使沒有見到我，但只要看到我的這個住所，就必定無疑證悟甚深空性義，因此該值得高興。我不住法界，萬法皆五蘊，五蘊緣起法，一切觀空性。」說完就從我的視野中消失了。

隨後，我的爸爸和鄰居家的嘉擦兩人來喊我，當他們看見那個窟窿時嚇了一跳，驚惶失措地說：「哎喲喲，竟然把山體掀開了，這肯定不是好事。」說完便手忙腳亂地用大量的石頭和土把洞穴的口填上。

七歲

八歲

　　我八歲的一年是虎年，在五月十五日的當天，我和我的妹妹，還有鄰居家的小女孩結伴沿著色達河去玩，沒想到河水暴漲，濺起浪濤，翻來滾去。我一眼看見在波濤的交界處有一塊又高又大的磐石，便想到那上面去，正在這時，看到彩虹光道猶如鋪開的氍毹一般，於是我就順著虹道走去，那種感覺就像走在地上一樣。

當我坐在磐石上面的時候，阿哦.塔新和索波.色熱兩人騎著馬來到河邊，他們驚呼「糟了、糟了」，口裡還罵罵咧咧的。

　　色熱說：「我們倆跳下水裡去救人還是怎麼？」

　　塔新說：「絕不能去送死，這個孩子是被鬼帶走的，看來必定要有個人葬身水中了，我們還是去通知他的家人吧。」

　　他們剛一離開，我就像水鳥一樣渡過河到了岸邊。

　　我回到家時，前面的那兩個人說：「這孩子是惡魔附體，所以做大型的驅魔佛事，這一點相當重要，還要打打卦、算算命。」說完就揚長而去了。

一世敦珠法王自傳

九歲

　　我九歲那年是兔年，在冬季十月初七的晚上，一位身穿藍色衣裳的空行母娓娓地說：「孩兒，你明年必須前往西北方，去拜見蓮花生大師的真正化身嘉揚上師，他是阿闍黎南卡釀波的轉世，在他面前學習文字，漸漸地，必定會給你帶來快樂安寧。」說著將一個美妙、可意的天靈蓋賜給我，我發現裡面盛著甘露，便一股腦地喝完，那時周身出現樂融融的感受。那位空行母乘著太陽的光線而消失在藍天裡。

九歲

十歲

在我十歲龍年的春季三月初五的晚上，一個說「我是單堅多吉列巴」的人，身著居士裝束、頭戴一頂薩帽、騎著一頭白獅子來到我的對面，他說：「你前世有緣的上師深得人心而應邀，於五月十四日那天到來，你要滿懷喜悅想辦法到他面前去。」說完又無蹤無影了。

五月初七的晚上，我夢到一個周身火紅的人騎著一隻具有風翅膀的火大鵬來到我對面的空中說：「奇哉！以往願力、善緣聚合的你和我從切穹譯師那時起直到現在，一瞬間也不曾分離，我是你生生世世的護法神，這個月的十四日那天你的舅舅莫傑來叫你去，你要去他那裡。」說完就不見了。

在十四日那天舅舅果真來了。我連忙對爸爸媽媽說：「我做了一個夢，有人告訴我十五日必須跟舅舅去。」

媽媽說：「丟東西等沒辦法斷定的所有事情，這個孩子做夢所說的都沒有錯過，還是要送他去吧？」

爸爸也說：「這一點倒是不假，可這孩子太調皮、太淘氣了，會不會招來橫禍？實在讓人放心不下。假設非去不可，那必然要學成了精通文字者。」

舅舅卻不以為然地說：「不管學文字也好，沒有學文字也好，難道還不是會成為我們的一家之長嘛。」

第二天，我被舅舅帶回了家。到舅舅家住下以後，就

一世敦珠法王自傳

需要勤勤懇懇地放牧、幹活，在那期間，我將他家的鍋呀、罐呀、盆呀，還有馬鐙之類的所有東西，統統用箭穿漏、弄得稀爛。

外祖母和阿姨兩人都說：「這孩子真是中了獨角鬼魔，如果學一點文字，看能不能當個出家人？要是出不了家，做在家人，那麼肯定是害人害己。」

舅舅也贊同地說：「還是需要這麼做。」

十歲

十一歲

　　當我到了十一歲，也就是蛇年十月初一那天，我被領到嘉揚上師跟前去了。當時，上師滿心歡喜，笑容可掬地撫摸著我的頭，給了我一些糖果，說：「昨晚我做了一個好夢，今天也出現了可喜的覺受，他會不會是一個出類拔萃的好僧人呢？當然凡夫人不具備無漏的神通，都將夢境覺受執為殊勝，如果他們是真的，那我的夢也一定不假。」說畢，就教了我三遍三十個藏文字母，隨後替我發了三遍願。從此之後，上師開始攝受並教我文字。

一世敦珠法王自傳

十二歲

　　我十二歲的那一年是馬年，七月初九的晚上，一位童女肩上披著藍錦緞的肩帔，下身穿著紅色錦緞裙子，腰間繫著黃綢緞的圍腰來到，她說：「你和我結伴去北方的悉地城。」說完就牽著我的手前往。在彩虹光網縈繞之中，我們來到了非人空行城，那裡，空行空行母如同集市般雲集一處，位於中央的霓虹宮周圍有小小的金剛杵串環繞著。在裡面，鄔金蓮花生大師就像畫像一樣的裝束、飾品無不圓滿，他正在為空行母眾傳講了義大乘密法。我在他面前恭恭敬敬頂禮膜拜時，蓮師面帶微笑用右手為我摸頂，之後說道：「善男子，願三世佛菩薩心相續中的無分別智慧當下融入你的相續。願你的相續得以成熟、解脫，從而將凡是結緣的眾生引導至解脫果位。」緊接著又說：「你坐在我的跟前，認真諦聽我所講的這段話。」

　　我也聽話地坐在前面聆聽。

　　蓮花生大師說：「你的這位嘉揚上師是除蓋障菩薩的化身，他是你五世有緣的上師，你要聽從他的言教好好學習文字，一定要善始善終。在你的晚年，會對該寺院大有利益，就如同在黑暗的島嶼重現天日一般。光明大圓滿教法法主的那湊揚珠活佛是朗珠滾秋炯內親自降臨於世，還有我的事業教主瑪萬仁欽的真實化身阿那弘揚佛法，最後他以前降伏的涅莫那波切依靠發邪願的力量而轉生為尼隆的一個鬼魔，這個鬼魔對阿那製造違緣，使他的壽命縮

短，以至於無法利益眾生。阿那的百姓眷屬以願力結緣的許多人都成為你的所化弟子，而受持佛教正規。你以前出現過一些可怕的景象嗎？」

我連忙匯報：「在我七歲的時候十二月十八的傍晚，我和大姐一起去找牛犢，當時看見一塊磐石上面有一大堆血肉、膿水，姐姐驚呼：『這是什麼？哎呀呀！』極其害怕，我們姐弟倆急忙逃回家，把這件事的經過向爸爸媽媽講述。父母都說：『這是妖魔鬼怪在興風作浪。』我帶著巨大的恐懼躺下睡覺，剛一閉上眼睛，就覺得上方有血浪翻騰，好像湍流一樣發出響聲，簡直要把人的頭震裂，而且四面八方連同周圍都是黑洞洞一片。我對著空中膽戰心驚，根本不敢睡，就又起來痛哭一場。從那時起，一直到現在，每當我一閉上眼睛就會出現那種情形。特別是到了十歲十一歲以後，迄今為止，在上方沒天下方沒地空蕩蕩的界域內，總是有鮮血浪濤澎湃，還伴著紅光，好似彩虹一樣，從中放射出無量光芒，廣大的器情景象顯而無自性如同水月一般。依靠這種因緣，使我懂得了一切器情都是自現無實猶如夢境這一點。」

我陳述完了。

蓮花生大師說：「善男子，那是空行母革德瑪姆現前為你指示輪涅自現的教授，要認識本性，獲得把握。」

他說完，這一切又銷聲匿跡了。

在我當初依靠外緣而產生恐懼的那天晚上，父母二人說：「這個孩子好像是中邪著魔了，明天要去請上師賜予

一世敦珠法王自傳

灌頂、加持。」隨後他們把我的頭抱在懷裡一直到天亮，可是這樣並沒有對我的恐懼感起到作用。

第二天，他們請來燦桑上師，請求做斷法、灌頂和沐浴儀軌，還請上師授記。上師胸有成竹斷定說：「這個小孩並不是中邪著魔了，昨晚一位空行母對我說：『明天的那個小孩並非是中邪著魔，由於前世的因緣甦醒，那是開悟的兆頭。』所以肯定不需要做驅魔佛事。」

如果細心揣度，其實蓮花生大師的那段話中已經予以授記了。

十二歲

十三歲

　　我到了十三歲，在九月十五的那天晚上，一切顯現成為法性遠離戲論之邊的法界，過了一會兒，如同空中出現彩虹般，在空性清淨虛空法界中，熊熊烈火燃及四面八方和周圍的界域內，一位黑色忿怒聖尊，他身穿黑色大氅、手持彎刀，旃檀大棍插在腰間，十分恐怖，令人不敢正視，他說：「孩兒，你不要驚慌，莫要害怕。我是從上方天界而來，是懾服男性的方便殊勝忿怒尊，也是懷柔女性的智慧忿怒母，你自己這位上師的大護法也是我，對這位上師的後代製造障礙的有一個魔王名叫瑪革占熱。如果沒有離開此處遷往他境，一定會導致如同夢境一樣人財兩空的後果。不要忘記把這件事轉告你的上師記在心裡，否則這個地方會成為廢墟，靠山倒塌，河流被龍魔控制，如同雲中的太陽一樣吉凶交替，搬遷到其他地方至關重要，所以要記在心中。今年，對你的這個舅舅的壽命作障的凶暴魔王極其猖獗，誰也沒辦法制止。你如果從明天開始請求紅黑現巴夜叉的灌頂和傳承並且精進祈禱、供養的話，不會受到魔王加害。」說著就杳無蹤影了。

　　我將此經過原原本本告訴了上師，上師說：「他好像就是我所修的黑瑪囊護法神，如果對別人講述，他們會說『小孩的夢沒有什麼真實性』，只會招致眾人譏笑。不管怎麼我還是把現巴夜叉的灌頂和傳承給你。」說完就賜予我灌頂傳承，而交付教法並令我發願。

一世敦珠法王自傳

十四歲

　　我到了十四歲的時候，在一月初十的晚上，一位用淡藍松耳石珠串精心裝飾身體的空行母對我說：「下方的那個殘暴魔王已經把你的舅舅和穹溫僧人的魂帶走了，九月裡他們會命絕身亡，如果謹慎念修金剛橛法，還有扭轉的辦法。」

　　早晨我把這話如實講了，他們一邊說「你什麼都不懂」一邊用巴掌打我的頭。

　　到了九月，流行起瘟疫來，舅舅喉嚨腫脹，最後去世了。

　　在十月初三的那天夜裡，我夢到一個老婦人和一個僧人結伴而來對我說：「你該走了，在我們下方有一個快樂的地方，去那裡吧。」正當我準備啟程之時，又一個騎著紅色金翅鳥、身色鮮紅的人出現說：「孩子，你千萬不能去，你要這樣想到，命已經落到鬼魔的手中，心裡如此觀想：吽！自己的身語意三門，變成空性，由空性法界中，上師本尊無二無別的本體忿怒蓮師，身色紅黑，一面四臂，齜牙咧嘴，舌頭上卷，鬍鬚眉毛迸射火星，褐色頭髮向上立起，第一雙手將金剛杵和三尖天杖向空中揮舞，第二雙手握著金剛橛和鐵蠍，下身以燃鐵橛插入厲鬼的心間，在劫末火般的界域內，吽的聲音如千聲巨雷般傳出，以數多小忿怒鐵蠍，摧毀所有凶神惡煞。念誦『嗡啊吽、阿則內則、那莫巴嘎瓦得、班則革樂革拉雅、薩瓦布南旺

吽啪達。』再同樣明顯觀想以後念誦咒語，結果能使那兩個厲鬼昏厥倒地，片刻間清醒過來立即逃之夭夭，消失不見。」隨後那個紅黑人又說：「從往昔累劫以來，你和護法神我剎那也不曾分離過，你對我一心信賴，我能消除一切違緣。」這時我醒了。

在那年八月初十的晚上，一位令人恐怖、騎著紅馬、身色紅豔的人對我說：「請你把我所講的這些話轉告給晉嘎活佛，『你要修前面現巴夜叉所說的本尊，念誦那個咒語，尼瑪的這個魔王正在尋機害你，日日夜夜就像流浪的狗一樣徘徊，小心翼翼相當重要。』請告訴他我是這樣說的。住在該寺的所有人如果能夠堅持在一個月不間斷閉關修行金剛橛，那是最好不過的，可是修行的人罕見，所以說了也沒有多大意義。孩子，你雖然是真正的持明降魔金剛，但是如今沒有必要公開。」說著就從我的視野中消失了。

第二天，我把他的話轉告給晉嘎活佛，活佛說：「那一定是個奇特的夢兆，現從今天開始我自己決定要修行出自《天法》中的威猛蓮師、金剛橛合修法。」於是，他在一個月內嚴格閉關修行。

在那一年的十二月初五，我們搬遷到尼多色繞寺左邊大河的對面山洞門正對面。那天夜裡，一個小孩的清晰聲音連著三遍喊我的名字，我沒有應答睡著了。到了半夜三

更，又開始呼喊，我依舊沒有吭聲。到了下半夜又出現呼喊聲。

當時，紅黑現巴夜叉護法神，伴隨著雷鳴般發出「恰」的巨聲出現在空中說道：「你帶上木箭和木弓去呼喚的地方！」

當我馬上帶著弓箭趕到呼喊聲的地點時，發現一個馬鞍的馬鐙上面有一個赤身裸體的小孩，他兩眼正目不轉睛地注視著我。我一箭射去，結果發出哭嚎聲，連我的外祖母也聽到了。

早晨一看，那隻木箭把馬鐙徑直穿透了。

外祖母驚詫地說：「木箭居然能把鐵的馬鐙穿破，這到底是一個成就相還是鬼神的把戲呢？」她去請問上師。上師說：「這個孩子是一個了不起的人，應該是成就相吧。」

第二天晚上，一個非常野蠻、令人目不忍睹的女人出現，她說：「你昨天晚上殺了我的兒子，為了報復，我要把你鮮紅的心肺拿走。」說完就用她那一卡⑪長的鐵爪甲逼向我的心臟。正在這千鈞一髮的時刻，從上空中，夜叉護法神用一把燃火的劍刺中那個女人的身體，結果她的身體就像劈開竹子般劈成兩半，當時就消失不見了。

---

⑪一卡：拇指尖至中指尖伸開的長度，相當於十二指寬。

十五歲

我到了十五歲的那一年，在三月初十的夜晚，一個老婦女對我說：「你的爸爸將在五月初二來這裡，你該回到家鄉去。當左旋的狂風中出現一個怨鬼時，要降下摧魔咒加持的石頭雨，當他唱歌時，絕不能依之而行。」說完就消失了。

在四月初五那天，我去放牧，當時一股左旋的黑色狂風一直跟到我的身旁，我躲避開，可是它又隨後來到，於是我就把用無礙金剛陀羅尼咒加持的許多石子拋向它，即刻那股旋風變成了不知是男是女的一個人，唱起了這支歌：「嗌嗌嗌！過來傾聽，沒有頭腦的小孩子，我本是你真正的護法神。你不要去往他方，就當舅舅家的主人，勤懇做事，你會成為眾部落的首領；不要念誦猛咒，否則會喪失自己的性命；不要觀修忿怒本尊，否則會成為真正的鬼魔。我好心好意所言，你如果聽從，就絕不會成為修行者，如果致力於凡塵事，你會快樂幸福，記在心裡，好兒子，不要聽任何人之語。」說著就悄然逝去了。

在春季五月裡，爸爸來了以後我就和他一起回家鄉，在途中的一天夜裡我夢到一個穿著黑大氅的黑人騎著一匹下蹄白色的黑馬，他對我說：「在你的故鄉有一個誰也制服不了、極其凶暴的地方鬼王，對付它的辦法就是觀想：

一世敦珠法王自傳

37

從上方密嚴剎土中出現大吉祥金剛童子及眷屬連同熊熊烈火通通融入你自己。再觀想：你自己的心間放射出無量彩雲般的光芒，結果出現寂猛蓮師壇城的所依能依如彩雲密布而融入你自身，從而自己的身體化為光芒，成為上師與本尊無二的本體殊勝本尊忿怒金剛，身色紅褐，一面二臂，右手揮動純金金剛杵，左手將鐵金剛橛指向地上，披著錦緞大氅，下穿藍色裙子，身著紅黃法衣，用十五個血淋淋的人頭作為項鏈，三隻怒目圓睜，牙齒緊咬下唇，頭髮右旋，紅黃色的鬍鬚、眉毛迸射出火星，以日月作為耳環，以大力士坐式騎在紅花猛虎上，智慧火焰界中傲然而居，散射出鐵蠍和大鵬鳥。他的心間法界中智慧勇識無有衣飾裸體傲立於蓮花日輪墊上，具足極其忿怒的姿態，心間純金五股金剛杵豎立放置，中央空隙內紅黑色的吽字邊緣由咒串環繞，閃閃發光，如同觀修寂猛金剛界的一切壇城那樣的聖尊形象如同湖面降雪般完全融入。念誦：『吽！智慧空性佛母宮，殊妙方便他不勝，顯現智慧虛幻身，密意本基黑日嘎，極密金剛智悲藏，吽由咒串所環繞，嗡啊吽班則革日杵哦羅漏嘎、薩瓦思德吽吽！』」說著就消失不見了。

十五歲

　　從那以後，我這一生當中就是依靠這一要訣來觀修、念誦而擺脫了一切違緣障礙。

　　在同一年的十月十八那天晚上，我現見了密智空行母，當時她把手放在我的頭上說：「孩子，打開你脈門的方便，如果精進觀修文殊語獅子、念誦文殊心咒，並且讀

誦《真實名經》，智慧的脈門開啟以後虛空藏的境界一定會顯露出來，不要忘記這一點，銘記在心。」我隨即答應道：「我必定遵照您的言教而認真行持。」這時，一切又消失不見了。

一世敦珠法王自傳

十六歲

　　我到了十六歲那一年是狗年，在六月初十的夜裡，一位說是益西措嘉空行母、相貌端莊、佩帶各種裝飾品的女子對我說：「奇哉！我是智慧空行，顯示女人形象，呈現在你眼前。此地導師晉美，展開蓮師事業，你於今年依之，實修前行儀軌，會現成就吉兆。此師原本是你，前世有緣上師，莫忘記在心裡。」說著說著她就消失了。

　　在那一年的十一月初一，我來到上師跟前，與十五位道友一起請求前行月修法門。期間的十五晚上，我在境界中：到了上師面前，只見上師前方正對的虛空中四肘左右高的上面，一位身色金黃的人傲然居於由各式各樣綾羅裝點的白色獅子上，作國王遊舞姿勢。他右手撐起勝幢，左手執著吐寶獸，光芒萬丈，從他的足尖降下乳汁源源不斷流入大鍋裡。上師吩咐說「快喝這乳汁」，我也聽話地喝了許多乳汁，結果出現全身心輕鬆、快樂喜悅的覺受。當時上師親口說：「你已經獲得了共同成就。」說完上師與本尊就消失於法界中了。

　　　　成就加持持明眾，如海智尊護法神，
　　　　身語光明賜安慰，意加持多表示法。
　　　　顯現浩瀚淨相基，本覺本初佛面目，
　　　　無勤自住得現見，等淨法界無害名。
　　　　不滅緣起現不淨，屢現違緣虛妄相，
　　　　現對治相天尊眾，擊敗盡見虛幻戲。
　　依靠夢中智慧法界空行和勇士眾講解前行法，我也能無礙講授。

十七歲

接下來的一年是豬年，我到了十七歲，從那年四月初七開始，我一直希望對於所謂的「修行」能出現見聞覺知的行相。於是，我就背靠磐石，身體端直如如不動修了七天，最後我不知不覺睡著了：這時，一個只有一卡高、光著身子的小孩在茅草和花朵上跑跑跳跳，最後他目不轉睛地看著我說：「身體就像空空的舍宅，語言就是由心造的作業，心則是能造形形色色一切的作者。」

接著又出現一個小女孩回應他說：「多麼奇妙啊！身體就像空空的紙筒，語言猶如風在管中運行，心是造作種種的作者，這三者當中要認清主體，期待著所謂『修行』將有見聞覺知，這實在是件稀奇的事。」伴隨著她清脆的笑聲，我醒過來了。

通過觀察而斷定：身心造作，顯現身體，從而呈現出口中言說，身體原本不存在而顯現為身體，其實也是心，語言本不存在而顯現言說，其實也是心，實際上除了心以外一無所有。而小孩所說的都成了三個，這是不對的。

我一邊想著一邊背靠著一塊瑪夏岩石，心專注木塊，正當這時，在後面的岩石面上，一隻紅色的小鳥以動聽的聲音說：「小孩我不是說妄言，當今時代有些大師，不了知無有門顯現三門的意義，觀察講解成三個，我為此也隨同而講說，你斷定三門無別唯顯現，此種證悟真稀奇，三種金剛無別而圓滿，你千真萬確，現在證悟三門為心，然

一世敦珠法王自傳

41

而所謂心的普作者，怎麼有形色和顯色，倘若了知此理，你是名副其實的智者。」說完牠就飛走了。

隨後我又靠著那塊岩石，過了一會兒，從虛空界中傳出一種聲音：「心性就是空性，空性無色、無聲、無香、無味、無觸、無法，要以智慧剖析。」我以智慧剖析，以心觀察，結果見到、了達無境遍空的本體。儘管已經了知，但又如何修行呢？當時我就處在這種心無定準的狀態中。

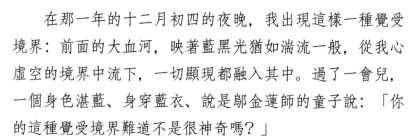

在那一年的十二月初四的夜晚，我出現這樣一種覺受境界：前面的大血河，映著藍黑光猶如湍流一般，從我心虛空的境界中流下，一切顯現都融入其中。過了一會兒，一個身色湛藍、身穿藍衣、說是鄔金蓮師的童子說：「你的這種覺受境界難道不是很神奇嗎？」

我回答他說：「這種覺受境界最初顯現為鮮紅的血液，而令我產生一種恐懼感，中間呈現漆黑一片使我的心感到疲憊，最後出現絢麗的彩虹，現在現似藍光江河流淌，當我觀察這種情形時，感覺形形色色的這所有景象除了虛空以外一無所有。獨一無二的虛空中存在著許許多多的現象，就好似空中顯現彩虹，水中映現除了水以外沒有他體的影像一樣。所以，自他一切顯現只是虛空，別無所有，而虛空只是空朗朗一片，無功無過，到底是怎麼回事呢？所謂的這顆心，比如，如果火不存在，就不會產生火星，如果沒有水，就不會出現水聲，甚至連水中的星辰相

十七歲

42

也不會映現。同樣，如果心沒有一個基礎，那麼根本就不會浮現出景象和分別念，假設這顆心位於身體當中，就不會有外在顯現，夢中堅硬的土石山岩景象不管怎麼顯現，清晨都會消失無蹤無影，如果對此加以觀察，我認為就是心的境界中顯現心本身。」

當我匯報完畢時，蓮師說：「見解，大概已經證悟了，再談談實際修行吧。」

我實話實說：「我不會修行，請您給我講講修行。」

蓮師童子說：「善男子，關於修行有許多解釋，每一位阿闍黎都有一種引導方式，有些聲稱必須滅除這種分別念；有些說必須觀此分別念而了知；有些解釋說心要與虛空融合一起，就是因為心沒有自然安住的過失才導致出現苦樂、病痛，說來真是奇怪；有些則說所謂的空性需要存在意識的細微執著。他們可謂是眾說紛紜，但無論怎樣取名，實際上都決定不是正道。如果真想要步入正道，那麼，上方清淨剎土和下方不清淨輪迴的一切器情除了如虛空般的法性以外別無其他。假設認識了如虛空般一味一體的本性，就是現前虛空的本性，所以在這種境界中安住不要散亂。所謂的不散亂，就是指無有指定、無有執著，無有修行、無有所見，無有對治、無有護持，遠離言說，就是一如既往。」

我接著問：「那我怎麼處理這個分別念呢？」

蓮師童子說：「分別念不可知、不可見，無有見聞覺受耽著，順其自然，所以一定要認識。」

一世敦珠法王自傳

43

我又進一步說：「那我是眼見虛空嗎？」

蓮師童子說：「見所未見就是自然現見。」

我還是不解其意地問：「其實，我也不是這樣以眼睛見的，如果以心不見心，就是現前虛空的意義，那有什麼利益呢？」

蓮師童子耐心地回答說：「以心觀心，就有觀者與觀處兩個，用心識觀分別念，就像年邁的老人看小孩的遊戲感到沒有意義一樣。輪迴涅槃的一切法就是虛空性而已，再無其他，只要認識了在虛空性中一味一體的本性，從此之後只是雙目專注虛空就可以，意思是說本住的心識顯現為眼識，眼睛也只是那個心識，別無他體。死屍中沒有顯現色的眼根，夢境中也不存在眼根，而能顯現色法；中陰身也沒有眼睛，能顯現色法，由此可知，就是本住的心識。一切眾生是由於沒有現前本基而迷惑的，而並不是由沒有覺知除此之外的分別念而迷惑的，一切有情就是耽著妄念，而要觀此理，分別念是所拋棄的東西，一切眾生是因為沒有現前本基而迷惑的，所以現在要對輪迴涅槃的一切法不離開虛空的自性這一點深深生起定解，只要生起深深定解，就稱為清淨虛空，三世不離開現前此本性。如果修習熟練這一點，切合要點，那麼最終現前遠離戲論之邊的法性界，就如同天亮時黑暗蕩然無存一樣，必定達到不加勤作而修行的境界。」說著說著就不見了。

從那時候起，我就只是眼睛不捨專注虛空，轉為道用而一心一意實修，由達到法性離邊的法界中而大徹大悟了。

輪涅中現一切法，遠離所有戲論法，
本基法界虛空性，虛空外喻不能表。
善逝般若經中說：修行般若之瑜伽，
即修虛空之瑜伽，究竟之義密意理。
猶如外界內亦然，外現是何內自相，
內相是何如外顯，名稱增益不同法。
無可言思說成理，無詮彼義以詮表，
三時諸佛巧方便，引至勝義之入門。
本覺取境遷至識，覺性妙力慧印持，
經眼嘎德水晶道，外內無別空覺性。
勝乘王語獅吼聲，令諸淺慧獸群懼，
極其甚深之法理，凡人反駁乃規律。
內在本住勝法身，本智依目而現見，
若有他義方便法，難證深寂離戲性。

一世敦珠法王自傳

十八歲

　　我十八歲那年五月初十的一天，在中座⑫的座間，我拎著桶去提水。路上，一個食子從虛空中落到桶裡，於是我抬頭望望空中，發現有一隻烏鴉在飛，我知道是牠拋的食子，也明白這是成就的瑞相，於是便取悉地而把食子接觸（自己的頭頂、喉間、心間）三處，就享受了。

　　那天夜間，一位說是遍明自在姆空行母的女子說：「昨天的那個食子是尼泊爾眾林園中名叫色嘎西日的尼泊爾人的修行食子，由空行金剛亥母委託烏鴉面怙主護法神捎給你，你一定已經獲得了共同成就，值得歡喜。」說著就無影無蹤了。

　　在同年十月初十的那一天，我去放牧，途中，看見有九個芝麻大小的石丸圓溜溜地放在一塊磐石上，當下我念誦「嘎雅瓦嘎紫大薩瓦司德帕拉吹⑬」，一邊將這九個丸子接觸自己的五個部位一邊吃了。

　　晚上，說是虛空法界自在母的空行母說：「奇哉奇哉！母親孩兒請諦聽，乘之數目有多種，意義總集大寶藏，彼等即是大圓滿，顯現九個小丸丸，母親已經賜予你，了知決定得悉地，具有智慧孩童你，現在必定已獲得，至高無上之成就。今若切合要訣修，密意界中自流露，三類意伏藏，必將廣利有情。」說著就消失不見了。

---

⑫中座：入座修行，將白晝和夜間各分為初、中、後三段時間，中間一段或第二階段稱為中座。
⑬這是取受、享用悉地的咒語。

在那一年的十二月十五，當我為施主滾丹誦經的時候，一個老婦女來對我說：「把給你的這個食品全部吃掉。」說完給了我一捧人參果。

正當我準備把這些食品放在口裡時，一個騎著紅馬、身色鮮紅的人，用矛打在我的胳膊中間，使那些食品全部撒落。

我一下子生起嗔心，氣沖沖大聲地質問他：「你到底幹什麼？」

他回答說：「那是鬼女散播疾病的種子，你還會吃嗎？」

我又問他：「你究竟是誰？」

他回答說：「我是贊嘉卓林瑪波護法神，在做遣除你違緣的事。」

我問他：「如果我供養你，該怎麼念誦呢？」

他說：「沒有宣布誓言前呼喊，我不會來，所以要這樣宣布誓言再喚，念誦『吽……憑依堅定信心及誓言，努辛贊嘉眷屬速來此，祈禱供養誠心作酬謝，願行實現所欲之事業。』我就會從住處降臨。」說完他就隱沒到西方去了。

一世敦珠法王自傳

十九歲

在我十九歲的時候，去了札隆山裡，當時從岩山內出現一個年邁的婦女，她問我：「你到哪裡去，要做什麼？」

我答覆說：「我想在這裡閉關。你是誰呀？」

那個女人說：「我是此處主人贊卓昂堅的女人，你如果住在這裡，我一定會殺死你。」說罷她指著背後說：「那就是你的死兆。」

我朝後一看，只見一隻黃鼠狼拖著一條死蛇走著。我一邊心裡暗想「如果我身亡，那麼殺人凶手一定就是這個女人，我必須殺掉她」，一邊伸手摸取，結果她銷聲匿跡了。

隨後我就住在那裡念誦三遍《心經》進行回遮，這時從山岩內傳出迴響般的聲音：「你可以住在這裡，我發誓顯示的惡兆只是兒戲。」

十九歲

在同年的十一月裡，我開始念修文殊語獅子，不知不覺一個月過去了，最後所有的丸子都增長、飛舞。那天晚上我面見了文殊菩薩的尊顏，他說：「善男子，你有什麼所希求的，我給予。」

我回稟說：「我想精通文字。」

文殊菩薩說：「文字，個別在家俗人也會，那有什麼用途呢？」

我又接著說：「我希求智慧。」

文殊菩薩說：「奇哉！善男子你來傾聽，唯會讀誦非智慧，學會此點實普通，彼非所謂真智慧。現前法性之真如，現前空性之實義，方是真正妙智慧，我即安住不動中，廣大周遍離戲論，我則流露大普明，法性虛空之周邊，是大智慧之日輪，一切道果之諸法，無盡界中流露時，即是我融入心中，現見輪涅一切法，如夢如幻之時際，即是得到我意傳。心境虛空遊舞中，大徹大悟之時際，即是獲得我密意。大智慧眼而現前，廣闊虛空之時際，即與我性無二致，你已獲得大智慧，你也獲得智慧眼，現在我與你二者，無二無別境界阿。」

就這樣文殊菩薩賜給我修法及咒語以後融入心間，我在法性境界中稍住片刻。

一世敦珠法王自傳

二十歲

　　我二十歲那年二月初八夜間夢裡，我來到了一個遼闊的地方，那裡有一個五顏六色的鮮花競相綻放的林園，為數眾多的空行母在螺寶所成的佛塔前恭敬承事。其內，說是怙主不動佛的上師身著三法衣，一手作壓地手印，一手結定印，他默默不語安坐著，從他身體中猶如回音般自然傳出這種音聲：「阿誒！所有一切有為法，虛幻不實之妄相，如魔術師變魔術；陽焰因緣聚合幻，錯將陽焰當作水；夢中景象千千萬，夢者迷惑耽實有；雖然現量見影像，然現境外別不成；儘管感受迴響聲，僅一音聲非其他；水中映現出水月，亦非水外之月亮；天空之中現彩虹，不成虛空外他法；眼前出現之毛髮，非除患眼之別法；火中顯現火光芒，亦非火外之別法；我中顯現外界物，亦非自身外他法。本基之中起基現，皆非本基外別法，心中浮現一切法，非是心外他圖畫。虛空執為虛空縛，本基執為他法縛，由分別心所幻變，耽著執敵受束縛，分別轉依本來智，護持改滅受束界，阿即清淨虛空界，阿即無生亦無滅，法界本來智慧藏，唯以言說而周遍，諸言基中阿自生，你我二者無有二，賢惡希憂取捨無，無有有無之名言，無有得失法身界，證悟此義即瑜伽。」說著就融入了我。

　　　　自現本師不動佛，非以語言勤作攝，
　　　　明空身中傳空音，異喻世俗緣起理。

50

無生指示實相義，現空無二無縛解，
法界基現解迷理，真悟解脫常斷隘，
身語意門成無別。

　　十二月初五的晚上，我夢到一個周身紅色的女人，
她說：「明天你會親眼見到有人來大肆打爛砸碎大鍋和
爐灶。」說完就消失了。到了第二天，施主滾丹的妹妹
佳瑞瑪來了，與此同時，出現了一個灰不溜秋的小孩，我
看見他哈哈大笑肆無忌憚在三角灶上跳起舞來，於是便對
施主滾丹說：「要注意你的灶具啊！獨角鬼在灶頭上嬉笑
呢。」他說「我會當心的」。隨後滾丹往牲口上馱東西，
把大小三口鍋互相疊裝著放在牛背上，就去取繩子。哪裡
想到犛牛突然跳起來，結果三口鍋就像骰子一樣砸在石頭
上，徹底碎了。

二十一歲

接下來一年我就到了二十一歲，在一月十三那天晚上，一位身色湛藍、穿著白緞裙子、佩帶許多珍寶串裝飾品的空行母來到我的面前，她剛剛一到，天空中就像升起太陽般一片通明，在一個廣闊的地方，黃花遍地的光芒飛射空中，許許多多老老少少的女子們在婉轉動聽地吟唱著這樣的一首歌：

「嗡嗡！在我們無人的空行島嶼，沒有夫君，我們不需要愚昧的世間伴侶。

賜予無漏安樂的殊勝方便大樂君王，可有辦法得到？令人失望。

殊勝方便大樂跟空樂雙運，想要得到一個可愛的童子。

輪迴墜石的子孫，人人都有，我們並不需要，
智慧覺性的童子，誰也沒有，可否得到？
倘若能夠獲得，必然大設虛空藏喜宴。」
她們高唱如此動人心弦的歌。

接著，那位空行母引吭高歌一曲：「嗡嗡！歡喜歡喜空行城，快樂快樂空行洲，無有無有別無有，具有具有自皆具。懂懂必須深深懂，知知必須了知義，悟悟需要自然悟，覺覺必須現前覺。解脫解脫自解脫，非人空行這支歌，未來之時向誰示，念念不忘勿忘記！周遍周遍遍一切，流布流布布一切，清淨清淨本淨空，解脫解脫本

52

解脫。成立成立任運幻，本身本身影像真，目的目的為了你，講說講說有說詞。現在諦聽此詞句：當今時代如意樹，枝葉花瓣皆渺小，果實鮮花不成熟，與其餘樹相混淆，誰者前悉不需要，然樹無生亦無滅。具足妙力白雄獅，跳躍東方之時際，值遇助伴雙幼獅，爾後吐露自語時，悅耳動聽之妙音，會吸引住禽獸群。未經行走自然至，高高巍峨雪山巔，四足屹立於雪山，雙眼凝然視上方。妙力良友共相聚，離作居於岩穴處，精心撫育幼稚崽，緩緩行於虛空中，出現雄鷹二十隻。棲身安住森林間，依於吉祥威猛眼，目視遼闊之境域，享受百味之美食，出現猛虎有三十。聲音優美又動聽，尋覓綠色之草原，已至妙樹之頂尖，出現妙音四杜鵑。手中擁有珍寶珠，海底深處妙力圓，騰飛無垠虛空界，聲音傳遍三地間，七條蒼龍現世間。毒物作為口中餐，五彩翎羽光閃閃，無身空行之友伴，出現十六美孔雀。由從輪迴泥坑中，獲得如意珍寶珠，廣興供養之結果，消除貧困遣衰敗，具財富翁有百數。純金九股金剛杵，尚非揮舞之時刻，南方惡魔之使者，集聚魔類之大軍，導致眾境不樂果。發動軍隊起戰爭，猶如狂風興起時，必須審觀時事也。昨日你所撰寫文，切莫展示其餘人，於狐狸及猴群中，切莫發出人之聲，擊中彼眾之心已，逃離去往遙遠境，如此切切記心中，次第詣至高高處，無身空行此島嶼，無境廣大通徹中，不住不滅離戲論，猶如夢境即將醒。」

一世敦珠法王自傳

說著說著這一切就像幻術般化為烏有。

在同一年六月初十的那一天，我到色達札隆草原的河畔，在遍地盛開著絢麗多彩鮮花的一處草叢裡坐著，期間內心感到無比愜意喜悅。正當這時，一隻蜜蜂盤旋在花叢中，在我的境界中牠是在吟唱這支給人啟迪的歌：

「嗡嗡！綠草蔭蔭花園中，小小金蜂我多麼快活，快樂也決定不會永恆，秋季的白霜一到，競相開放的蓮園即將凋零。

藍色的玉簪花雖已來到，但它不會永久停留，昨日的蚊蠅已經死去，小小金蜂我的軀體，也不能永遠久留。

昔日的人們已經故去，紅口孤兒你的身體，也不會永久長存。

即使成為萬人的首領，也是擔負境內的苦難。

即使成為有名的大師，也是作為俗家的主人。

即使成為財力寶足的富翁，也是飽受難忍的辛酸。

即使成為能說會道的人士，也是沒有空閒一味散亂。

即使成為一貧如洗的乞丐，也是受盡無法忍受的飢渴。

假設以女人作為伴侶，那是勢不兩立的冤家。

假設將孩子視為珍惜，那是掠奪財產的強盜。

假設是無作的修行者，那才真正是今生快樂來世幸福。

在金黃色的蜜蜂我看來，輪迴的城市，都是無常猶如

二十一歲

54

夢境。

我的歡歌和愚歌，正是對朋友你的教授，我準備前往空行剎土，你也該追隨著我的身後。」

說完就飛向遠方了。

在那一年七月十八的晚上，感覺上我在一個據說是大樂空行剎土的地方，賞心悅目的林苑裡，一位身色潔白、相貌端莊、令人看不厭足的人騎著一頭龐大牡鹿，牽著一隻佩帶綢緞裝飾的牝鹿，和一位身佩珍寶的美麗童女結伴來到此處。他對我說：「我們結伴去漢地五台山頂朝拜好嗎？」正說著，我們已經行走來到了那裡。

一座山上有五個頂，當到了中台高聳入雲的山頂上時，那個身色潔白的人說：「你向上望！」我按他所說抬頭看，只見上方似乎降下了紅紅火星般的雨水。

「再向東看！」我向東一看，見到人皮做成帳篷、腸子做成帳篷繩的城市，整個大地都是鮮紅的血液。

「再向南看！」我向南方望去，只見一座貝殼色的山腳下，乳汁般鮮白的湖泊岸邊，天鵝等各種水鳥聚集，白花綻放的蓮園頂端由宛若彩虹般的五彩光霧籠罩著。

「再向西看！」我向西方一瞧，結果浮現出漢人藏人各式各樣的城市。

「再向北看！」當我把目光轉向北方時，看到猛獸毒蛇群中，長著紅黃藍綠白頭髮和鬍子的許多人正在給牠們肉食吃，給牠們喝血液飲料。

一世敦珠法王自傳

那人把一個白色海螺遞給我說：「一邊向四方環顧一邊吹這個海螺！」

我依照他所說，吹起海螺，這時東方刮起狂風而沒有發出一點兒聲息；南方下起暴雪，而海螺也沒有發出聲音；西方傳出巨響，而不知消失何方；北方雖然傳出音聲，卻被高高巍峨的岩山所阻隔而成了迴響。

我問那個童子：「請你講講這是為什麼，這到底是怎麼回事？你們倆究竟是誰？」

童男童女異口同聲地說：「奇哉，請聽明智的小童子，如果你沒有認識我們，我們就是海螺天子和妹妹則樂非天，上方迸射火星，能抖去空行的塵埃，在抖落世間的塵習。見到妙高山王的面孔，就是將惡世拋之腦後。東方的這個醜陋城市，是罪惡野人的城區，山谷中烈火炎炎，是在焚毀解脫的田地。南方白色海螺的山巒，就是普陀山；山腳下百鳥聚集，意味著勇士勇母集聚，鮮花綻放的蓮園，是戒律清淨者的出生地。山頂上雲霧籠罩，象徵著不是有障礙者所能見到。西方人類的這個城市，是與你相應的所化眾生，漆黑中身穿藍衣者，是漢地黑暗的城市。北方不同種類的人，是哈拉魔軍的城市，給那些食肉的野人含生血肉飲食，意味著使野人鬼神心意轉變而能駕馭人心。東方海螺聲被風遮蔽，意味著法音被魔遮擋。南方的法螺音被雪阻隔，是遠離二障鮮少的因緣，獲得解脫罕見的標誌。西方發出螺聲，象徵著你的美名遠播。一個地區有一道陽光，那是你的所化地方。北方海螺傳出微弱的音

56

聲，標誌著暫時鎮壓了邊陲蠻人。你聽懂了這支歌嗎？童子。」

我連聲說：「聽懂了、聽懂了。」

「我們兄妹要回到高空，你也要返回人間，將來你到大樂蓮花莊嚴剎土，那一定是我們兄妹在迎接。」這時我被他的聲音吵醒了。

一世敦珠法王自傳

二十二歲

在我二十二歲那年，七月的一個早晨，由於施主滾丹家的一個老婦女患病，我來到了念藥師經的行列中。當天正是十五日，晚上，一位美麗可愛、令人看不厭足的空行母在一面琉璃寶製的鏡子上拋了十三顆白芥子，並說道：「兒你聽我言，再過十五年，數千之弟子，逐漸而聚集，趨至永樂地。尤其勝子徒，無定居深山，頭上縮髮髻，身穿瑜伽衣，成就虹身幻，十三瑜伽士，勇士你友伴。緣起白芥子，空行咒加持，不離而保存。」

她接著又說：「善男子，把白芥子揣在懷裡，將來的某一時，你那一生趨至金剛持的果位、有髮髻的十三位弟子必定出世。把這面鏡子帶在胸前，你自己證悟也是等同虛空。」說著她就融入了我的心間，使我出現了空樂的覺受。

第二天早上，我把這件事一五一十向勒雄上師陳述。當時在場的一位名叫羅丹的老僧人說：「你如果會湧現這樣出色的弟子，那下面的這條老狗為什麼不會有這樣的弟子？」

上師制止他說：「不能這樣說，夢兆極妙，不好確定。」

那個老僧人也帶著諷刺的笑聲說：「哇，哈哈。」

在十月初九的晚期，一個身色鮮紅、容貌十分媚氣

的女子來到我的對面說：「嗌嗌！來自東方客，雙雙到此際，依具相師言，到達東方時，昔熟之摯友，不離成眷屬，吉祥成順緣，猶如上弦月，日日而增長。財食利受用，初似無所有，最終無不有。修行生次要，如日破雲出，心性流露時，無偏利眾生。宛如日月星，個別勝子出，佛教放光彩。心智莫脆弱！前世積福果，時機成熟已，財權自然增。由弱變強時，自明尤重要。人畜財豐際，知足尤重要。有緣眾聚時，教授尤重要。非人空行地，道歌作表示，無人語交流，因你極愚笨，故以人言釋，莫忘銘刻心，至關重要也！」

她又接著說：「明年六月裡一位良友來到，那時你們一同到東方果洛地方，去那裡會化到很好的緣。」

我應聲說：「阿姨，我到了那裡，能化到多少條茶葉啊？」

那位女子說：「化到緣並不是指這個，而是說會湧現出許多心子，廣利眾生。」說著她就不見了。

一世敦珠法王自傳

二十三歲

　　轉眼我到了二十三歲。六月裡，一個名叫革勒旺里的人和他的侄子羅丹從果洛來到色達做生意，上師桑昂哲秋將此事託付給他，於是我和他倆一道去東方果洛地方。行途中，來到了瑪庫土地神達雅的臨口，遇到一位往上來的新娘，隨同送親的人們從馬上下來，獻給我兩碗酒，我心裡暗自思忖：在這個土地神的林苑內得到這樣的飲料，那說明緣起非常好。想到這裡不禁心生歡喜。

　　當天晚上，那裡的一位空行母說是則勒曼的女子對我說：「稀奇！今天的事意味著什麼，你懂了嗎？遇到佩帶裝飾品、身穿美麗衣裳的新娘往上行，那象徵著逢遇具相的明妃，如果沒有具相的明妃，就打不開智慧脈，由智慧脈沒有打開的過患導致無法顯露密意境界寶藏。縱然他的著書有許多，也會出現不符續部的弊病。斟上甘露美酒，預示著不清淨糟粕的顯現轉為精華，是很好的緣起。達雅地方，是曜和夜叉護法神雙雙護持佛法的象徵。因為中了地方骨肉相殘的晦氣，一個月裡身體會感到疲憊，但漸漸會如同日月破雲而出般全然消失。」

　　最後她又說：「今天地神斟酒是緣起的開端，格外吉祥，現在你已經開始出人頭地了。」說著說著她就不見了。

　　那個勒旺有個侄子名叫阿旺嘉措，是個小僧人，我給

他傳講了忿怒金剛的一個修法。隨後，一個叫才敦的在家人來喊我去念經，我就去了他那兒。

過了一個月後，一位說是剛穹瑪空行的女子來到我的對面說道：「奇哉！母親愛子請傾聽，不要再住此人家，白那之王來討債。施主心胸極狹隘，觀念經費太微薄，施主革勒之家園，願力結成之寓所，雪哦華戒桑給尊，化現阿旺嘉措身，形影不離做友伴。瑪多吉祥旋之處，前世殊勝之本尊，忿怒金剛大吉祥，作為第一勝本尊，出現旺修瑜伽士，彼前得灌頂傳承，不久值遇已五次，誦咒到量老瑜伽，灌頂傳承完整求，恆常實地而修行。不延多載數年後，遇至尊珠瓦滾波，七世最後之轉世，殊勝化身其前得，圓滿灌頂及傳承。十月嚴格而閉關，集中精力而修行，會獲些許之成就，智慧法界之空行，秘密甘露之威力，殊勝成就之象徵，懂否莫忘記心中！」

她又警告我說：「不要住在這兒，趕快離開，這個施主家肯定只會供養你一張羊皮、三四斤酥油，除此之外不會再給什麼。」說著說著她就消失不見了。

一世敦珠法王自傳

二十四歲

　　轉年我到了二十四歲，在一月初十的晚上，我面見了聖者大悲觀音，他圓滿恩授我說是《寂集密意自解脫》的修法灌頂傳承之後說道：「善男子，你如果能將此立成文字，很可能會利益一些眾生，要把這件事記在心裡。」說著就消失了。

　　打那以後，我就開始精進寫書，中間有些伏藏文（空行符號）已經泯滅，而無法立成文字。在同年的四月二十五日夜晚，當我面見印度持明者吽嘎日時，他手掌中顯示這個伏藏文，並且說：「如果把這個立成文字，那就好比是降伏佛教敵人的金剛霹靂，因此善男子，你需要《紅黑現巴夜叉》這部續，贈送你。」於是他圓滿授予《現巴瑪林續》的灌頂、傳承後就不見了。

　　在我勤奮立成文字的過程中，從霍科地方來到果洛的一個小僧人，名叫熱溫，他口口聲聲說「這所有伏藏法一定是邪法」，由此破壞了緣起，我也一邊對他發惡願一邊把文稿燒了。

　　當年的十月十五日我和道友阿旺嘉措一起開始修行忿怒金剛法期間，十一月初十的那天，一位身色潔白的空行母來到我的對面說了這番話：「奇哉！勇士你同行道友，猶如雪獅之阿旺，好似猛虎札西巴，投胎轉世之華丹。若妙眾怙革勒巴，若凶輪迴之墜石，此等人士以願力，逐漸成為你眷屬，於如來教大有利，從現在起十五年，彼等化

現為君臣，不可能有平凡者，切莫忘記銘記心。東方女魔珠敦瑪，魔裝天尊布雅巴，此外土穹西日巴，南方等地將出現，謗你十七邪願者，對此不言賢劣語。撒播口舌之惡果，盜竊信財二十八，惡魔化身將現世，護法神將協助你，並無禍患切莫忘，銘記在心善男子，初中末皆成善妙！」

她又接著說：「孩兒呀，你的弟子霍爾的僧人彭措札西，來到這裡時，不要讓他離開，作為執筆者，將來會廣利眾生。」說著就消失不見了。

當年冬季十二月份，霍爾僧人彭措札西來到我的地方，我們相依為伴，他當我的執筆者。

一世敦珠法王自傳

二十五歲

　　我二十五歲那年到霍爾一帶去化緣時，有一次在某位施主家念誦一個修法期間，看見壇城裡眾多勇士空行母雲集，而且也對許多病人起到了作用。

　　在那一年的四月初十那天作了百數薈供酬謝，當天晚上，一位身色紅豔、身穿白色裙子的空行母對我說：「前世累劫之前，福德資糧與宏願威力聚合的士夫你就是蓮花生大師事業的領主，甚深伏藏法主，在瑪多形似小箱子的紅色岩石地方，隱藏著貝諾的藤杖伏藏，由此那裡簡稱為『繞塔』。那裡保存著佛像、佛經、佛塔以及伏藏標題副標題的目錄。時機成熟快快去取傳家寶。」

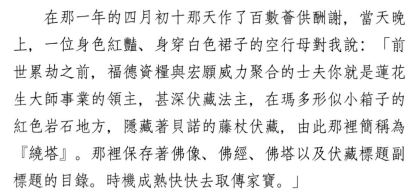

　　我這樣回答她：「奇哉！慈眉善目之佛母，無有定所乞丐我，外無多聞之智慧，內無修行之功德。無富裕財及受用，上無仰仗之靠山，下無依止輔助者，中無貼近之親屬。唯有嫉妒凌辱人，無有愛戴之益友，軟弱無力之乞丐，想必無有伏藏緣，縱有也無利生想，唯獨希望自成為，不懼後世好貧僧，實現所願師垂念！」

　　空行母答覆我道：「噫呀！善男子，你不要灰心，將來你的親子、弟子如群星般湧現，雖然起初是無依無靠的弱者，但最後會超群絕倫，受到眾人的敬仰、稱揚，能利益與自己結緣的所化眾生，並把他們領上解脫之路。按照我的囑咐行事，就是你快樂的起點，受用會像上弦月一樣增長，天神護法成辦你所求之事，佛母、空行作為助伴，

記在心中，具緣的善男子。」

她又囑咐道：「到繞塔地方去，那裡存放著薩繞哈巴的念珠和朱砂所造的度母像，連同伏藏標題，因此不可耽擱快快前去！」

遵照空行母的授記，六月初十那一天，我啟程前往繞塔，我來到了那裡時，有一塊大岩石掉了下來，我觀望落下岩石的原處，從炭堆裡取出度母像紫膠小寶篋和一串陳舊、不太好看的念珠，在那個小寶篋內有一卷紙，我定睛觀看封面，發現上面寫著在「銀鷹」岩石宛若金翅鳥的頸部有伏藏標題。於是我就走向那個地方，剛剛到那裡，就看見太陽雲雨渾然的界域內縈繞著虹光網，中央有一個身色黝黑、長著獅子頭的人騎著一匹下蹄白色的黑馬，他手裡拿著一個繫著綾子的劍，在岩山坡上，他揮劍一刺，一塊岩石縫頓時裂開，裡面有一軸卷紙。我一看，在封面上寫有：土羊年十一月初十從色達下方金剛岩開取伏藏時，需要供給酬謝伏藏領主護法神的食子和對勇士空行作薈供的所有方法。按照那其中所言，我在十月回到家鄉，十一月初九那一天帶著友伴德欽來到上師燦桑面前，請求恩賜我一個放伏藏代替物的寶瓶，上師也按照伏藏聖物所需籌集好，用藍綢子纏裹給了我。

第二天，也就是初十，早晨，我去取伏藏，在色達下游地方看達則山坡時，所有岩山林園都被彩虹遮映著，土石樹木全然不見，我滿懷無比喜悅的心情行進，當到了名叫夏札多吉的附近時，一隻獐子被網捕住，我把牠放出來

一世敦珠法王自傳

打發走。德欽問我：「這是怎樣的緣起？是什麼兆頭？」
我說：「緣起非常好，預示著將來所有具有緣分的所化眾
生都像野獸脫離網罟一樣從輪迴惡趣處領引出來。有著我
依靠伏藏法廣利眾生的大必要。」

　　接下來，我們作了百數薈供酬補，多多念誦供養祈
禱。末尾，我讓那個友伴坐在岩石腳下，吩咐他說：「你
要不間斷地念誦七句祈禱文。」我自己專注覺性法界中，
即刻，從一個好似房門一樣的岩穴裡，不見人影，卻傳出
一個女人的聲音，那聲音又尖又細：「誒誒瑪！來了來了
客人來，贈送贈送贈送你，如同野獸獨行山，如若善巧
與人等，不相接觸方便行，那是最妙之緣起，山上下至
山谷時，如若值遇豁嘴人，那是謠言之徵兆。不知見解伏
藏師，緣起吉祥之時鮮。色瑪金剛岩山處，雖有許多伏藏
法，因你不具明妃故，一半伏藏不能賜，攜帶開取之一
半，伏藏替物善隱蔽。」說到這裡，那聲音就消失了。

　　德欽問我：「那個女人聲音聽起來很清脆，她在說什
麼？」我告訴他那是在給我唱歌。

　　我們逐漸順著岩梯往上登，我帶著舒暢、柔和的感受
行走著，到了大約五步弓（一步弓相當於五市尺）的地方
時，我用鑿子鑿擊一塊半圓形的岩縫，門打開了，我看見
裡面大量炭堆中央，柏樹皮和樺樹皮內有許多小寶篋，按
照標題中所說只能取三次，我取了三次，只有七個小寶篋
取到手，儘管眼睜睜地看著有許多佛像、佛經、佛塔，可
是由於法主和明妃不全的原因而沒能取到。隨後，安放伏

藏代替物，使之如前一樣作了印封。當我們下去到了山腳下時，我回頭一望，所有的梯階全然不見了。

後來，友伴德欽說：「請您將所有伏藏品放在我的頭上，替我發願。」我也發了願。

在我們返回來的路邊，遇到了一個豁嘴的人在走。

德欽問：「這是什麼緣起啊？」

我對他說：「那好像是我們倆快要遭謠言的兆頭。」

當天晚上，一位佩帶六種骨飾的空行母坐在我的面前，我問她：「你是誰？」

她回答說：「我是清涼尸林的空行母，名叫根傑瑪，你在想什麼？」

「我在想，昨天碰到一個豁嘴的人是什麼意思。」

她說：「嗌！騎著快馬是駛向，大樂捷徑之相兆；背上背著醫藥包，除輪迴疾之相兆；依願結緣有緣者，悉皆解脫之相兆；陪同少年之友伴，是遇明妃之徵兆。上唇裂缺則預示，遭受謠言惡果兆，緣起不壞緣起妙，妙中微有缺憾垢，摻入惡分別之心，豈非見解淺薄兆？輪涅本是大空性，呈現虛幻之妄相，若知此義有何害？認知此理是為要。」說著說著她就無影無蹤了。

後來，阿哦穹友全部落的所有僧人俗人都說：「在寒冬臘月裡看見漫山遍野布滿彩虹，那肯定是我們的土地神製造的不祥之兆，你如果不把所取出來的所有伏藏品交給我們，那就等著我們發動戰爭吧。」

一世敦珠法王自傳

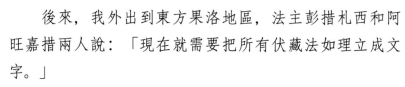

　　我說：「那正像蓮花生大師所說：當有緣者遇到我的伏藏品時，藏漢所有凶暴的鬼神聚集起來，顯示出各種現似吉祥的凶相，你們發動軍隊吧，我也有對付的好辦法。」我如如不動待著，結果他們沒有發動軍隊，謠言蜚語自然平息，沒有出現爭鬥。

　　後來，我外出到東方果洛地區，法主彭措札西和阿旺嘉措兩人說：「現在就需要把所有伏藏法如理立成文字。」

　　我說：「還是要保密六年。」就這樣沒有立成文字，暫時擱了下來。

二十五歲

二十六歲

　　我到了二十六歲，在去哦穹達西地方化緣時，空行予以的許多授記沒有一個不應驗的。空行母普明母說：「名叫塞彭那波者，鄔金蓮花生大師沒有調伏的惡業魔王出現，統治霍爾部落，控制重重山谷，有能令人動魔心的發邪願者名叫『瓦囊羅瑪真』的人，存心攻擊瑪多色之際，你要從上方降下『卡嘉矛』，從下方湖泊向上湧，徹底推翻魔黑岩，上下打開交通門。」說完就離去了。

一世敦珠法王自傳

二十七歲

　　我二十七歲那一年的神變月初十的晚上，一位空行母來到我的對面，她身黃色、圓溜溜的眼睛宛若孔雀翎一樣，右手握著藤杖，左手托著漆碗，她對我說：「我們倆結伴去南方『具集』樂園好嗎？」我答應著「去、去」，我們一同前行，到了一個大樂園。那裡，整個大地遍滿光芒和彩虹圖，天上也是彩虹光網，虛空中五彩繽紛的花雨紛紛飄落，高高的寶座上，說是賢劫千佛的本師，一一全部穿著化身裝束、作五部佛手印，安住在五光彩虹境中。當我拜見他們時，他們異口同音地說：「善男子，你諦聽此聖教。」說完所有左手拿著的經函聖教伴著轟隆隆的聲音說：「我們的教法無不圓滿，你要堅信，擷取這些精華醍醐的全部竅訣，為了利益所化眾生而立成文字。現在將從法性虛空藏密意界中流露出來。」說完，一切所依能依都融入我的身體而消失於視野中。

　　從那時起，輪涅所攝的一切法如同海中的星辰一般歸集於我的大光明法界中，我現前了大徹大悟的境界，心只要專注何處，所需要的一切法句就像刻印一樣頓時自然流露。

　　在那年五月十七的晚上，我夢到：一個身色鮮紅穿著藍氆氌的女子來到我的對面說：「善男子，走吧。」我們一起前往來到一個令人感到十分舒心悅意的地方。在那

二十七歲

裡，說是聖龍樹的比丘，相貌格外莊嚴，周圍由一千三百比丘環繞，他們手裡各個拿著一本經函，這樣說道：「奇哉！具緣善男子，這裡是印度金剛座，我等如來的長子，你是如來的補處，從無始時生世以來，所有五欲妙的法，無一不被執為我所，心裡觀想取受它們，為了報答法恩而作供養，心的受用無盡寶藏，這是無上絕妙的曼荼羅。」

我請問：「那用什麼偈頌來供曼荼羅呢？」

他們回答說這個偈頌：「嗡啊吽！累世顯現所有法，珍寶無價之身心，天龍人間嚴受用，為圓二次供三寶。章革日繞那曼荼拉波匝美嘎薩莫札薩帕繞那薩瑪雅阿吽。」

我也照著念誦作供養。

隨即，他們又同聲說道：「你當諦聽！」於是他們異口同聲念了經函的所有傳承。

最後，龍樹菩薩口裡也說了下面的偈頌：「無餘論典皆圓滿，攝略經論數雖多，匯集遍智般若中，能證生圓次第故，說多方便入門理，如經廣闊大城市，方隅何路而行進，悉能抵達大城市。諸法略攝一法性，法性無盡虛空藏。是故眾生解脫法，大圓滿果最無上，瑪哈捷徑深方便。如泉小溪數量多，於大海中融一味，諸法無餘攝二諦，二諦融入大圓滿。若知彼義見真諦，結緣者至持明地，此義示他利眾生，餘無廣大當了知。」正好在這時，我從夢中醒來，一切都化為烏有了。此後，我證悟了法性虛空藏的境界，如實通達了生圓道次第。

71

二十八歲

我到了二十八歲的那一年是狗年，一位說是美熱珍雪的空行母對我說：「你如果去仲坡（指珠日神山處）空行大殿中修行，下半生受用和威力將圓滿。」

她又這樣說道：「奇哉！善緣之士請你聽，仲坡空行會集洲，金剛空行匯聚故，成就息業好地方，即是快樂之源泉。如若彼處勤修行，會生證悟覺受德，方便智慧相圓融，持明咒師修行處，猶如公主傲居座，諸方百姓相圍繞，僧眷雲集之緣起。尸林空行布內雅，如若依之作手印，生出如猛獸群王，雪山雄獅之勝子。如此獅子之友伴，如花斑虎之一子，兔年之時誕於世。札尊哲巴之女子，依之作為業手印，宛若東方之朝陽，大放威光金星般，純潔無瑕之心子，出世受持如來教。如若相依諾堅女，如黃金佛塔之子，猶如皎潔滿月子，天鐵金剛燦奪目，秉持佛教中流柱。好似如意珠之子，賜予各方之賓客，心滿意足百味食。另如越險之大鵬，你之教法繼承者，居無定所往深山，無有偏袒利有情。母親我所表示詞，切莫忘懷記心裡，佛政福祿兩興旺。」

說著就從我的視野中消失了。

按照如此授記，在春季一月裡，我去了珠日神山，只是在一個月修行的過程中就出現了許多神奇吉祥的瑞相：

在第七天的晚上，濟世[14]地母唱了這支歌：「奇哉，

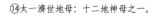

⑭太一濟世地母：十二地神母之一。

我是世間的祖婆護法，執掌北方的當熱地方，人們一致稱我當羅藥神，前世牧民婦女，切穹譯師就是你，挖掘上方的岩縫，遣除冰雹的恐怖，擦擦那波的儀軌，有一個配製聖物的妙方，明年來到此地時，會得到你閉關的糧食，夏天只是化緣乳製品，冬天只是化緣穀物雜糧，除此之外不要恆常一味周旋在信財上，當今時代正逢劫末，野蠻的眾人，自高自大冒充伏藏師，畢生都耽著、沉迷在信財上，三個月閉關修行也不能做到，要斷除這樣的惡行，就像鄔金蓮花生大師的補處——準備利益眾生的前輩伏藏大師們，精進修行精華法要，捨棄收攬信財尋求利養，致力於講經說法和著書立說，到了下半生，無勤之中福澤自增，有緣弟子男女信士，紛紛雲集無不圓滿，你也會漸漸獲得功績，必定成辦今生來世的大利。」說完就隱沒了。

一世敦珠法王自傳

　　第二十一天的晚上，鄔金大法王蓮花生大師從彩雲虹光縈繞的界域降臨到我前方的虛空中，說道：「善男子，你精勤薈供、酬補尤為重要；要給嚴屬的護法多施食子；每年不間斷嚴格閉關修行數月，要掌握這三點，把這個殊妙悉地無餘享用了。」說完賜給我一個裝滿甘露的托巴，我一飲而盡，由此頓然生起不可思議的樂受。我立刻請問：「頂禮皈依如意寶您——三世如來佛子身語意功德事業悉皆圓滿的本體殊勝皈依處。我該以怎樣的舉止行事？」

　　蓮師教誨道：「奇哉！大士你行為一如既往對任何人不必顧及情面，護持如同瘋子般的行為，當受到眾人供養

73

承侍的時候，在眾人面前相應示現平等的寂靜調伏威儀而宣講教授，盡可能利益眾生。」說完就消失於法界中了。

隨後，在臨近取大修悉地的晚上，持明降魔金剛往一個銅盤裡倒酒，藏文元音輔音字母如同影像映現般燦然閃爍、濺起虹浪，他把酒給我，接著說：「這是空行母金剛亥母捎給我所幻現、與我無二的善男子你的，接觸三處。」說著就融入了我的身體，我喝了那個甘露，由此相續中生起了殊勝的領悟。

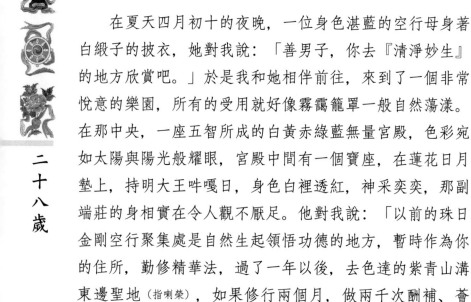

在夏天四月初十的夜晚，一位身色湛藍的空行母身著白緞子的披衣，她對我說：「善男子，你去『清淨妙生』的地方欣賞吧。」於是我和她相伴前往，來到了一個非常悅意的樂園，所有的受用就好像霧靄籠罩一般自然蕩漾。在那中央，一座五智所成的白黃赤綠藍無量宮殿，色彩宛如太陽與陽光般耀眼，宮殿中間有一個寶座，在蓮花日月墊上，持明大王吽嘎日，身色白裡透紅，神采奕奕，那副端莊的身相實在令人觀不厭足。他對我說：「以前的珠日金剛空行聚集處是自然生起領悟功德的地方，暫時作為你的住所，勤修精華法，過了一年以後，去色達的紫青山溝東邊聖地（指喇榮），如果修行兩個月，做兩千次酬補、薈供，那麼福德的果必將如同降雨般增長、成熟。首先赴往聖地仲坡空行匯集洲的時候，會來一些有緣的弟子，為他們傳講相應各自相續程度的教授，他們必將被引領入大解脫城。」

我呈稟說：「上師呀，我一個教言也不會講的情形是這樣的：愚昧的我無依無怙，上無皈依的怙主，下無依靠的人，旁無一位扶持者，當我隨意把佛陀的言教傳給別人時，只是成為眾人誹謗的對象，而沒有人接受。雖然有緣開取甚深伏藏，可是在這個惡濁時代的末際，見不到所調化的土地，即便真實不虛言說，但眾人卻以訛傳訛，沒有想過會有信心、奉行的弟子出現。唯一的父尊遍知，請您成熟我的相續，請您現在就加持我，賜給弱小的乞丐我無所畏懼的大安慰，請您現在就加持我！」

他答覆道：「如果不具備勤勉修行的福分，即使真佛來到，也沒辦法利益相續，縱然釋迦佛陀降臨世界，也無法根除眾生界。你以願力，準備利眾，前世有緣的個別弟子，個個由善緣力牽引，而成為你的所化，接引他們的時機已到。再過一百年，外道邊地野蠻人會將佛法毀滅無遺，沒有佛法的名字，那就到了暗劫之時，伏藏法立成文字數量再多，也只是徒勞而已，要把一切教授的醍醐立成文字，加以弘揚，會對有緣者大有裨益，提起心力，必將成就今生來世的大業。」最後，上師親口說：「我的意傳融入你，所有教言如同河流般湧現。」

在這以後，我如前一樣去了霍爾地帶，由自己的清淨境界中出現，而造了許多《忿怒金剛修法》。五月裡的一天，阿那旺欽來了，他說：「從去年以來，自稱是伏藏師成就者的人異常多，雖然我自己不相信這一套，可是嘉瓦活佛說：『你讓革勒家的那個伏藏師取出一個修法，他不

一世敦珠法王自傳

是鄔金蓮花生大師的化身，那我就是騙你了。』聽到這話我就趕緊來喊你。」

於是我也去了那裡，將自己伏藏品忿怒金剛的一個修法立成文字。實際上，嘉瓦活佛，就是人們共稱的嘉瓦活佛仁波切多昂嘉措，是一位了不起的大智者。

六月裡，我回到了革勒家。格喇秋帕來到他家說：「如果你是真的伏藏師，我就做你的法主，但你要給我寫一個《馬頭明王修法》。」

我將出自《深法密意自現類》中的一個《馬頭明王修法》立成文字，並灌了頂、念了傳承，之後交給他，卻讓他起了疑心。

當時，嘎托雅薩活佛為了建大寺院，來到果洛籌集供養，就住在那裡。格喇秋帕把《馬頭明王修法》放在他的枕下說：「今天晚上一個新的伏藏法放在了尊者的枕邊，這到底怎樣？是真是假要確定下來，明天早晨我來問結果。」

一清早，他就去問：「昨晚請求觀察的情況怎樣？」

上師說：「昨晚我夢到在一個良田裡六谷豐登成熟，還稍稍有點不適宜收割，卻提前收割了。所以，我想：提前弘揚伏藏法，如果沒有做廣大薈供，諸位空行母會不高興的，如果空行母不高興，就表示會出現許多增、刪的現象，伏藏師應該是真的。」

隨後，格喇秋帕又到吉隆特秋多吉面前請問：「請你

定言這個伏藏法是真還是假?」

那位上師也說:「伏藏師是真是假, 觀察未來就一清二楚了。假設如同太陽破雲而出一般越來越明亮、越來越升高, 那就是真的, 否則假的結果只會越來越衰退。」

另有一段時間, 我正在把一個施身法的伏藏立成文字, 其他的一個人把它給熱溫看了, 他對於其中的「起心動念的自相是空行母」評價說:「如果除了魔女以外還有動念的相, 那不可能有一個智慧空行母, 哈哈, 單單憑藉這一句就已真相大白了。」

之後, 熱溫問那位嘎托活佛:「活佛本人說這位革勒伏藏師是真正的伏藏師, 難道他是真的嗎?」

活佛說:「我出現了一個非常吉祥的夢兆 (該是真的吧)。」

熱溫說:「看一看『起心動念的自相是空行母』這一句, 就可以知道了。」

活佛說:「如果這種說法有過錯, 那多則欽也說過『意識解脫迷亂是風動的幻化遊舞』, 那也是一樣的, 難道他也不合理了嗎?」

熱溫說:「他真這樣說過嗎?」他低著頭在大眾當中不再說什麼了。當我聽到這話時, 說諦實語詛咒, 並把文稿燒了。而熱溫, 從那以後, 也漸漸遇到了口舌等糾葛, 屢遭不幸。後來, 軍隊進行破壞, 使他財產蕩盡, 身中刀傷, 最終落得個傾家蕩產。

秋季九月裡，一個名叫玖紐札巴的人，拿著手鼓⑮、人脛骨號角，還有龍欽寧提的兩本書函，他對我說：「空行的密藏要立成文字，並且我把這作為自己的實修法。」

　　當天晚上，說是阿札嘉姆空行母、肌膚藍色的女子出現在我的面前，我先問她：「這個玖紐札巴究竟是好人還是壞人？」

　　她笑著說：「那個隱蔽的上等瑜伽士，就是薩欽根嘎嘉村，是工紐隱蔽的瑜伽士，為了淨化剩餘的障礙，當今受生這樣的身體，遇到伏藏師你的緣起，是甚深心滴，美名的象徵就是鈴鼓，斷法的象徵是手鼓，名字叫『札巴』就是名聲遠播的相兆，這樣的吉兆祥兆實屬稀少。」

　　第二天晚上，當我謁見持明無畏洲、全知龍欽降繞、蓮花生大師的三尊像時，他們把兩部經函放在我的頭上說：「所詮句的灌頂傳承，無詮義的灌頂傳承，近傳圓滿的灌頂傳承都賜予你，願你獲得，願你圓滿。」我發現那些像在緩緩動彈，不禁說：「這樣稀有的泥像真是奇特！」一位老人說道：「眼根不清淨，哈哈，居然把智慧幻身也看成泥像，怎麼會這樣？」正當這時我醒了。

　　後來，當我將空行密藏立成文字期間，出現了許多稀有的瑞相：霓虹帷幕迴旋的同時，雄鷹的細翎紛紛飄落下來，彌漫著芬芳的濛濛香氣，伴著樂器自發的妙音。在冬季十月初十那天，嘉瓦慈誠獻給我一個標準的托巴，請求

二十八歲

---

⑮手鼓：可以左右兩面搖擊的一種小鼓，是密宗修行者所擁有的樂器之一。

一個驅魔的簡短教授，我把伏藏法立成文字以後給了他傳承。

十一月初一，我到了珠日神山，從初十那一天開始，我和自己的兩位弟子一起在一年裡實修龍欽寧提的風及絕地火，期間親眼見到如寶瓶般寶瓶氣的暖相。而且，在寒冬臘月，周身火力旺盛，只是單層布衣就完全足夠。另外，依靠如煙的覺受相、如陽焰的覺受相、如星辰的覺受相、顯現光明和不可思議的喻光明，相續中生起了正確無誤的覺性智慧。

一世敦珠法王自傳

二十九歲

　　我在二十九歲那年十一月十五返回故土，十二月初一，依靠降魔金剛的伏藏品《忿怒金剛修法》，和修行道友欽繞、噶瑪.滾秋、喇嘛丹及熱秋等人一起在兩個月期間修行。在這過程中，那位僧人欽繞得了一個凶暴鬼王的病，要降伏妖魔使他脫離病患，就要採取修行的措施。

　　第七天的晚裡，三個女人來到門口時，我修火禪定，結果她們叫著「哎喲喲」而逃走了。

　　在第二十一天的夜間，一隻紅色的貓來到禪房，當時我用木棒一打，原來牠是鬼魔的幻變，牠一邊咬著我的右手一邊用爪子撓我。我有些害怕，便觀想忿怒金剛的生起次第，左手緊緊掐住牠的脖子，沒想到牠即時變成了一個衣衫襤褸的僧人，他哀求著：「哎喲喲，快鬆開我的脖子，有話好說。」

　　我厲聲地說：「沒有什麼好說的，趕快給我發誓！」

　　他問：「要怎麼發誓呢？」

　　我說：「你必須承諾從今以後不再害人。」

　　他說：「保證不害你和你的眷屬。」我讓他對僧人欽繞發誓三遍才肯放他。他就在欽繞面前發誓：「從此以後絕不害人。」於是，我把手放在他的頭上，給他喝了誓言水，就這樣降伏了他。

　　修行結束後的第三天，那個魔鬼附到欽繞僧人的身上詳細述說了那些情況，還喋喋不休講了許多話，最後欽繞

二十九歲

的病得以痊癒。我對本尊做了兩千遍薈供酬補，臨取悉地時，有一道白色彩虹束射到我住舍上面，片片的雪花翩翩飛舞，出現了諸如此類格外吉祥的徵兆。

一世敦珠法王自傳

三十歲

　　我到了三十歲又再次到珠日神山去住，四月十八的晚上，一位空行母出現在我的面前，她周身，右側藍晶晶，左側是紅彤彤，中間黃澄澄，用黃的金線、紅的銅線和黑的鐵線繫成腰帶，下身穿著五彩綾羅的裙子，她說：「善男子：凡是你具備的成就相都對我講一講。」

　　我反問她：「你是誰呀？鄔金蓮花生大師對我說過成就相和神變對誰也不能講，如果當隱蔽的瑜伽士，那麼修行不會有違緣，也不會隨著世間八法所轉，因此不可以告訴你。」

　　空行母說：「我是大圓滿六百四十萬續部密藏之主龍揚曼，在人面前不可炫耀，但對非人空行母我講講，不會有過失的。」

　　我也覺得她是真的，於是便說：「開玩笑的，好吧。在我十六歲的時候到施主滾丹家裡去念經，他對我說：『以前我們的夏營地⑯就是色繞秀得，有一年我家住在水泉的下面，敦哲家住在上面，當時那個泉眼漸漸乾了，打那以後五年都沒有水，從此就不能住在那兒了，雖然損失大也沒招兒。這回，你不同於其他放逸的僧人，是具有神通的人，如果有辦法使這裡冒出水來，那肯定是成就相。』

　　我想能不能辦成這件事還需要觀察夢境。

---

⑯夏營地：主要指水草豐富的夏季牧地。

晚上我心裡一邊記掛著那個泉眼一邊睡著了，夢裡：我來到了一個破房子裡，只見一條黑蛇腰部以下都乾枯了，痛苦不堪，四周有許多魚類和蛤蟆圍繞著，牠們手腳乾癟，外氣已絕，只是內氣還沒有斷。我心裡想：這些苦難的眾生真是可憐，這是什麼報應呢？正在這時，那條蛇開始說話了：『我本是龍女，名叫諾珍瑪（持寶女），想當年我的住舍金碧輝煌，還鑲嵌著松石的蓮花，我也是精力充沛、資財豐厚，可是由於許多女人在這個泉水裡洗手洗腳的髒汁流過，使我體力全失，受用也隨之貧乏，家宅倒塌，以至於經常面臨著烈日與熱沙的威脅，很苦很慘。』接著她又說：『如果有一位成就者作水施，一定會有利益，沒有人來親眼看看我的痛苦，現在該怎麼辦？』

我把這種情景告訴了那位施主。他也說：『求求您，拜託了，肯定會有利的。』

就這樣，我到了泉眼所在的地方做大量的水施，把大悲觀世音菩薩觀在前方的虛空中，觀想他的身體降下甘露流，從而消去疾病，起死回生，家宅和財富比以往增加九倍。水施接近達到十萬數時，一個漂亮的童女現在眼前，向我頂禮，她感激地說：『你是對我們恩重如山的成就者，可是對於得罪過我們的女人們，還是要報仇。』

我警告她：『絕不能殺她們！絕不能害她們！』

那個女孩說：『我們死的都已復生，病的都已痊癒，財富比以前更有增長，舍宅也變成十分精美。要報答你的恩德，如果奉送龍類的牲畜，都會變成昆蟲；如果供養龍

一世敦珠法王自傳

類的財富也會變成石頭、木頭等，沒有什麼用，還是把色達的岩谷裡龍女金相母擁有的一個毒蛇的蛋供養給您，請好好保存起來，做到清潔，當它爆裂時，您的財富會變得圓滿。我們絕不違背尊者您的言教，不害命、不傷人。』說著就飛向空中，即刻出現了層層烏雲，越來越大。

我把這番情節對那個施主描述了。他說：『您如果沒有念誦《般若經》，我擔心會激怒她們的。』

我也按照他說的這樣做了。頃刻間，黃風狂嘯，與之同時天降霹靂，結果五頭母牛和牛犢喪生，枯水溝裡泉水湧流。這是不是成就相呢？

再有，那個施主家的一頭母犏牛死掉，我說諦實語對那個龍女宣布誓言，結果那頭牛死而復生，站起來離開了。

還有，滾丹家，總有一個臭鼬在大笑，弄得馬牛羊群驚奔而跑，我念誦真言進行降伏，結果不見身影，卻察覺一個聲音在說：『不要這樣念，我雖然拿了二十一頭牛馬，但除了五頭以外全部給你。』滾丹的家人們都聽到了。那些是成就相嗎？

去年，我在嘎長夏擦活佛面前，聽受持明降魔金剛的伏藏法的所有灌頂傳承，期間有一天坐在眾會行列中的時候，一個女孩對我說：『不要坐在這裡。』我顯出憤憤的表情，馬上回到霍爾一位喇嘛轉成鬼的房子，當時鑰匙在朋友的手裡，而無法打開門。於是我從離門前大約三弓的地方，不假思索地往裡衝，結果徑直穿牆進去了。那是成

就相嗎？剛到那間房子裡，那個厲鬼幻變的一個老僧人就用四肢從背後捆住我說：『現在你還有什麼力量？我的力量就是這個，我能抵過你。』我心生恐怖，馬上把自己觀成一個威猛紅黑色的忿怒蓮師，並清楚觀想熊熊大火熾燃，對方口裡喊著『哎喲喲』栽倒在地。我抓住他的右腳在頭上轉了三圈，摔在地上，他就變成了一粒兔屎。我把那一粒兔屎裝在小袋子裡，封上袋口，藏在床下。

過了二十一天後，那個老僧人說：『放了我吧，我發誓不再害你這裡的眷屬子民，哲美揚炯怙主作證。』

我厲聲說：『破誓言者，你還想背棄誓言嗎？』

他連聲說：『哎呀呀，我發誓不再作害。』

我把他放出來時他已經極度衰弱，顫巍巍地說：『我一定要害屋下面住的嘉嘎喇嘛兄妹和達擦喇嘛。』說完就準備走。

我問：『你到哪裡去？』

『我去霍喇鄔金嘉措那裡。』說完他就走了。

本來，在那二十一天期間，霍喇鄔金嘉措喇嘛的病已經好轉，可當天晚上他夢見那個厲鬼說：『我在這二十一天裡被一個野蠻的僧人關在監獄，飢渴難耐，飽嘗痛苦，現在才到這裡。』

第二天早晨，他的病情也越來越惡化，最後圓寂了。那也是成就相嗎？」

空行母問：「那後來達擦喇嘛和嘉嘎兄妹情況怎麼樣了？」

我繼續講：「嘉嘎的妹妹第二天發瘋了。我對嘉嘎喇嘛說：『你在大家聚會念誦薈供的時候，悄悄溜走，一個月內閉關修金剛橛。』可是他沒有照我的話去做，在薈供解散以後才離開，結果在後一個月裡就去世了。我也告訴達擦喇嘛：『你把所有過多的飲食用來熏焦煙，口裡叫三遍霍爾鬼魄的名字，趁人不注意偷偷逃走，只有這樣才不會有麻煩，否則必遭橫死。』可是，他也沒聽我的話，返回自己家中，隔了三天後，騎牛到瑪爾那邊去，結果犛牛驚奔，就送了性命。」

待我講述完，那位空行母說：「再不需要更高的神通神變了，如果做一個在別人面前密而不露隱蔽的瑜伽士，你不會有壽障，修行也不會出現違緣。現在你的秘密語都已經講完了，我宣說的教言就是這個：嘿嘿！空行母幼子，由從糟粕身，精華心寶中，殊勝根本脈，見精華果目。外種五界光，內種明點旋，現基自然智，有情普皆具。然未現前致，漂泊於三有，不清淨業緣，滅於淨法界，享光明法性，無勤自然得，地道之功德。直斷法性諦，你已現量見，實地修捷徑，大虹身教授，我精華光明，變精華母子，無別融一味。」說完她就融入了我的心間，由此我原原本本明確了捷徑頓超的要領。

非人智身空行母，無論如何由必要，
如凡人勵詢問義，如實不隱明了說。
彼以愛語具安慰，直指自然脈明點，
恩賜甚深之教言，為表內外之句義，

光明本來無有別，與我融入一體時，

令我如理得證悟，捷徑速道之秘訣。

從那時起，依靠光明頓超之道一心一意實修的過程中，觀看房間的縫隙，心一緣入定於等持中時，在一個廣大境的地方，見到不可思議的佛剎，看見慧日如來為八千萬眷屬宣講妙法，不變如來為十億所化眾生講法等等，呈現出不可思議的境界。

三十一歲

在我三十一歲的時候，有一天，面前正對的虛空中，出現一位以報身各種裝飾嚴飾、說是無疑王佛的如來，他身體裝飾的珠串和瓔珞裡一一顯現佛刹，我還見到那些裝飾品每一個內部都有許許多多刹土，就在這般逐步顯現時，我現前了不可思議的覺性，在七天之中這種景象才泯滅，以至於身邊的侍者、兒子、弟子們都想到「是死相」而憂傷不已。

當時，一隻紅色的小鳥飛來說：

「索羅吉！童子無所思，我是聖境中，空行嘎繞措，當觀今生中，諸相如夢幻，無穩不常存，憶念成自利。以慧眼而觀，顯現種種法，如夢亦如幻，無有常存理。一切虛空性，萬法之現基，現前為虛空，修獲定準士，自位自成佛，不久即現前，決定之捷徑，無勤住本地，得普賢王果。」說完牠就飛走了。

又一隻紅色的小鳥說道：「誒！虛空心童子，莫散聽我言，當觀看輪迴，幻城無實質。凡夫之痛苦，不見其邊際，覺悟輪涅現，萬法大法爾，虛空瑜伽士，不久速趨至，普賢之果位，大士之快樂。兒你為利生，鄔金之蓮師，委派做信使，當成辦他利。安住此頓超，殊勝甚深道，培育自子弟。你懂了嗎？」

當我重複她的話時，旁邊的老尼姑益西卓說：「剛才遠遠傳來了小鳥悅耳的聲音，我還從來沒有聽過，真是奇

三十一歲

妙，就好像一個人在輕聲唱歌一樣。」

在法性現量的時候，寶瓶灌頂的能力落到身體上，從而使身體成熟為金剛身，秘密灌頂的能力落到語上而成熟為金剛語的遊舞，智慧灌頂的能力落到心中，使心成熟為智慧，徹悟了法性虛空藏的境界。句義灌頂的能力落到對境上，使一切景象轉變成彩虹、明點的莊嚴，這所有驗相，我都已經現前了。

此時此刻，說是持明嘎繞多吉、身穿白色短褲的人說道：「輪涅諸顯現，如夢亦如幻，大無基離根，自現無自性。因緣定緣起，自證無基根，周遍虛空際，本基必離戲，無境而通徹，本淨大周遍，淨明離垢濁，自相任運戲，智德之寶藏，刹土淨身嚴，不待勤作事，現前持本地，本位自成佛。」

我應答道：「奇哉！三世如來之總體，眾生上師請您聽：我以惡業所感召，投生於此濁世時，雖說種姓不低賤，然因祖輩剛強人，得罪具有大能力，咒師之故受詛咒，厭勝重難時已至，後代子孫力薄弱，無有權勢乏財富，若有拯救一方法，持明空行之心髓，入於心間之彼時，必以命押而受持，具有解脫道之時，三門虛殼有何益，此生現前成正覺，承蒙上師予加持，祈禱與您同緣分，請於當下賜加持。」說完一切就像彩虹一樣消於虛空界了。

還有一次，說是吽欽嘎日阿闍黎的瑜伽士，身穿紅黑

一世敦珠法王自傳

黑日嘎的裝束，從虹光明點界中出現說：「奇哉！你可認識我？我是持明王，吽欽嘎日者，兒你覺受增，相現為莊嚴，天尊及剎土，不定種種相，應當斷定此，虛幻覺受相，越過歧途隘。於七年之中，不間斷修行，大虹身成佛，取受傳家寶，利益他眾生。」

我答應道：「請聽持明王，在這個黑暗的瑪爾境內，沒有能利益眾生的地方，只能觀想而修行完成自利，人人愛戀衣食而尋求利養，這是俗人的自然本性，要無勤擁有順緣，祈求上師加持。」

上師說：「奇哉！童子不必多思，遇到蓮師伏藏，必依智慧明妃，若依明妃伴侶，需慮養家糊口，為此於彼之時，切莫終生迷財，當在有生之年，精進勤奮修行，無有實修能力，人士太多太多，一味求欲妙時，放下眾多造論，安住現量現前，法性法界之中。」說著就消失於法界中了。

三十一歲

三十二歲

　　轉年，我到了三十二歲。一月初一的晚上，我夢到一個肌膚白皙、穿著白布短褲的童子來到我的對面問我：「大士你想求什麼？」

　　我這樣回答他：「我在想，這個世界上，最珍貴最難得的與大圓滿相關斷魔的深妙法，能得到嗎？我想求這個，你知道嗎？」

　　他說：「我雖然不知道，但在一個名叫『喜苑』的地方，嘉揚上師殊勝的本師在為自妙力幻化的眷屬宣講所求的法，他是以講聞的方式利益所化，你要去那兒嗎？」

　　「去。」

　　於是我們經過許多境域，來到了一個十分快樂的歡喜苑。在彩虹呈現的網眼廣大場地中央，妙高的珍寶座上，端坐著我的上師，他就像生前住在人間時的相貌一樣，身上嚴飾著綾羅和珍寶飾品。我一來到他面前，立即以無比的恭敬虔誠頂禮膜拜，用頭接觸他的雙足，並數數發願，坐在前面。

　　這時，那位童子稟報道：「上師啊，這個人說想求斷魔甚深的教授。請上師為他宣講。」

　　尊貴的上師片刻之間一言未發，雙目注視著虛空。過了一會兒說：「你想求的，請聽我宣講：奇哉！所謂的斷法就是摧毀我執的竅訣，將四魔消滅於本地的教授，一切聽聞的至極，所有修行的除障，一切萬法的精髓，所有瑜

一世敦珠法王自傳

伽的妙道，獲得遍智一切捷徑的要塞，頓然斷除惡緣的教言，化險為夷的訣竅，病痛道用的深法，鬼神協助的妙方，輪涅決定為自現的方便，虛空無礙的往生法，越渡中陰法界的頓超，它是解脫唯一本位的所有妙道。它的意義，諦聽我講。」說完作了詳細解釋。最後教誨我：「要把我所講的那些內容牢記在心，為他人開示，有緣的眾多弟子依靠虛空無礙之力必將於超越因果的法界中趣入涅槃。」說著所有的所依能依都融入了我自己。

五月初七晚上，出現一位說是多吉嘉姆的空行母，她身青一色，全無衣飾，赤裸裸的。她問我：「你想去朝拜妙拂銅色吉祥山嗎？」

我應聲說：「想去。」於是，她牽著我的右手就走。

當我們到了一座高聳入雲的漆黑大山頂峰時，那位空行母說：「善男子，你雙手伸開，身體自然舒展，作這種姿勢，夢中的身體無有自性，結果就會無礙飛向虛空界。」

我照著她說的那樣去做，真的就像大鵬鳥一樣騰飛而去，經過了一百六十五個大區域，到了十七條湖泊的邊緣。她向我介紹：「這是羅剎國下方，是吃人羅剎的島嶼。在這個大海的盡頭一個曲折處，有羅剎的十八個地方，是終點的海灣或交界。」

我問：「我們的銅色吉祥山在哪？」

她回答說：「現在已經很近了。」「還要經過羅剎境

三十二歲

十八個大區域的邊緣嗎？」

她回答：「不需要了，其實，銅色吉祥山相當於是大海的心臟，周圍由大海環繞著。」

我們又稍稍行進一會兒，就瞧見一座山腳是藍色、山腰是白色、山頂是紅色的大山。我馬上問她：「對面是什麼山呀？」

空行母說：「對面的這座山就是銅色吉祥山。」

來到那座山附近，已經到了環繞著山的大海岸邊，我放眼望去，在那座山的右側層層彩雲縈繞的界域中，不見身體、只是頸部以上顯露出來的八十八個頭，都戴著班智達帽，並具有頂髻等，各種各樣，他們各個面帶微笑，正以慈愛的神態注視著我。我不知他們是誰，於是便問那個空行母：「對面的那些人臉是誰呀？」

「那是八十位大成就者和八大持明的尊容。」

我連忙作禮、祈禱。這時，從雲隙中，一位戴寶瓶形帽的上師雙手放在我的頭上說：「我是持明吽欽嘎日，你是我事業的化現，願你圓滿獲得無變身寶瓶灌頂，願你圓滿獲得無滅語秘密灌頂，願你圓滿獲得無謬意智慧灌頂，願你圓滿獲得無相離言任運大樂灌頂，從即日起，願你獲得與我無二無別的灌頂。」說完就融入了我自己。

隨後，有一位說是日光姆的空行母，身色潔白，穿著紅緞裙子，她右手握著太陽光線，左手拿著表示的明鏡出現在我的對面說：「大德你且觀看，如果明白這個明鏡意味著什麼，那未來的吉凶一目了然，如果不知就聽我來

講。」

我說：「不明白。」

她便如理如實地解釋了。

接著，長著紅紅頭髮、瞪著圓圓眼睛的四個羅刹抬著四格花紋的綢緞轎子對我說：「你坐在這上面。」

我剛一坐在綢緞上，就從空中來到了對面的山上，那座山的旁邊是大海的邊緣，由矛箭、劍、天杖圍繞周邊，間隙是停船的道路，立著鐵梯。山腳下環繞著大平原，中央是金銀銅鐵建築，有些是兩層，有些是三層，有些是四層，還有些是九層，無法想像，在那座山廣闊的地方，中間住著不可思議的持明仙人會眾，中央是乾濕人頭堆砌的九層宮殿，頂層是羅刹王繞加土創，忿怒相，身黑色，長著九頭、十八臂，紅色的羅刹母佛母，十分恐怖，讓人不敢看，這是二位主尊。身邊有屬臣繞加嘎拉、繞加繞如、繞加哦林、繞加多欽、繞加年姆傑、繞加燦姆傑、繞加珍姆協秋、繞加珍姆仲赤、楞伽秀旺、楞伽秀增、莫耶傑、莫耶旺雪、莫那炯敦等一千羅刹，聽從吩咐、成辦事情。他們住在東方，統轄著東洲。在南方，有白綾子形狀的海螺宮殿裡面，羅刹王多吉札匝，忿怒姿態，身色純白，十分可怖，由數以千計的眷屬圍繞，統治著南洲。西方，黑色的鐵質宮殿內，羅刹王繞卡夏東哲，面露怒容，身色黑黃，陰森可怖，由五千眷屬環繞，統管著西洲。北方，琉璃製成的巍峨雄偉的宮殿裡，羅刹王札綽土創，面露怒相，身色藍綠，令人生畏，周圍有八千眷屬，統領著北

洲。他們的心都是在寂滅的法界中如如不動，而身體全是可怕、忿怒、威武的裝束。

我問那個藍色的空行母：「這是什麼地方？」

她說：「此處是地行幻化剎土，是斷除了十不善業、積累大量資糧並發大願的人們投生的地方。」

她又繼續介紹：「在這些方位，水晶構成的精美宮殿裡，用綢緞鋪設著的金座，就是剛才降臨的許多士夫的坐墊。」

隨後，我們來到了比那個山王的巔峰高出一由旬的上空時，整個大地就像遍滿彩虹條紋的五色錦緞鋪開一樣，各種藥材的青山上香霧繚繞，五顏六色的鮮花遍地覆蓋，隨足起伏。只要腳掌一接觸地面，身語意都會沉醉在安樂中。在那個廣袤無垠的地方，五種珍寶所成的無量宮盡善盡美，裡面有不可勝數的勇士和空行母在翩躚起舞，無數供養天女不斷增添的供雲海中間是浩如煙海的持明成就者，中央是奇珍異寶製成的高廣法座，上面坐著鄔金蓮花生大師，那副尊容真是令人觀不厭足，在他的右側是嘎繞多吉，左側是布瑪莫札，前列是君臣二十五尊等，印、藏不可思議的持明成就者都坐在那裡。中殿由水晶製成的壯觀無量宮內蓮花日月墊上，三世怙主蓮花生身色又白又亮，一面四臂，相好莊嚴，實在讓人看不夠，他在為環繞在身邊的如海菩薩眾眷屬講經說法。上殿由琉璃製成的寬敞無量宮中蓮花寶座蓮花日月墊上，安坐著無垢光明蓮生，他肌膚紅色，相好嚴飾，正以表示的方式為自現覺性

一世敦珠法王自傳

的眷屬講法。我頂禮轉繞三身的那些本師並發大願，他們以灌頂、教授成熟我的相續。

在那座山的山腰，名叫瑪溫的樹上，以花果的形式生長著大小鈴鐺叮噹作響的許多鐃鈸，另外還從各式各樣的妙樹中接連不斷地散發出可以享用的無量供品。東方，從明鏡般晶瑩剔透的具明山上散射出許許多多色法的妙欲。在那座又白又亮的山頂上，鄔金德昂誅薩，由無數眷屬眾圍繞著。在南方，金子形成的具欲山中好似煙霧放出凡所需求的完美物品，頂峰，鄔金仁欽嘉波由百萬眾眷屬圍繞著。西方，觸及雲霄的紅色銅山坡各種香霧裊裊散逸，山頂上，班瑪得為炯由無量眷屬圍繞著。在北方，珍寶鐵形成的波雪山上流散出遍布虛空的各種綢緞衣裳，各式各樣。在那座山的巔峰，鄔金耶列南加由十萬俱胝眷屬圍繞著。那些山散射出的種種妙欲供雲，遍及了位於中央的銅色吉祥山。在大海的外層，也是由大平原環繞，周圍是許許多多的亂石山、岩石山和樹山等層層山巒環抱，山外就是眾多平原山谷的懸崖，由數量可觀的羅剎城重重包圍著，那些男女羅剎們吃的是肉，喝的是血。另外，他們還享用嘎革夏樂拉的樹果。在他們看來，哦朗卡巴的果實種在地裡，那就是食品之最。男女羅剎凡是看到生靈，便以最快的速度捉到，再活活把他們吃掉，簡直像豺狼一樣。

我面前就這樣浮現出了不可思議的清淨相。

我在鄔金蓮花生大師的足前稽首禮拜，誠摯地懇求：「吉祥鄔金法王您垂念，祈求您以大悲攝受我，祈求恩授

灌頂，祈求您給予加持，祈求您予以授記。」

　　蓮師雙手放在我的頭上說道：「善男子，願你圓滿獲得能成熟的殊勝灌頂，願你圓滿獲得三世如來及佛子身語意功德事業的殊妙加持悉地，願身語意三金剛的莊嚴融入你，使你得以成熟、解脫進而成為三界法王，能將凡是結緣的眾生領入解脫的五道十地。現在你坐在那裡，認真諦聽：當今時代正逢五濁橫流的惡世，所以要對以願力結緣的諸位宣講教言的精髓，讓他們圓滿一切深法的所有灌頂傳承。要探究、決定基直斷的見解堂奧，通達道頓超的要義和道相的一切功德，甚深的除障斷魔要與大乘道相結合來宣講，那就是惡緣立斷的教言，逢凶化吉的竅訣，病痛道用的深法，完整了解這一要義的人在以前是有的，可如今全然不存。當代大乘密法衰落是由眾生緣分和福報淺薄所致，論師們均是喜歡分別心能領受耽著的下乘道，把它看作至高無上，而且對別人也這般宣說，而福分淺的所化眾生恰恰就遇到他們。為此，我為你講解一生現前成佛的妙道——大圓滿。」蓮師依照《大密二取自解脫大續》宣說，就如同刻印一般了然呈現在我的相續，並得以穩固。

　　蓮師又說：「今生現前成佛的妙道捷徑大圓滿，你要作為自己的實修法，並為其他人正確宣說。」

　　接著我再次請問：「諸佛菩薩的總體、一切眾生的依怙如意寶，我今生今世，弘法利生是凶是吉？祈求為我說明。」

　　於是，鄔金大師說道：「善男子，當今正值污濁惡

一世敦珠法王自傳

世，發邪願的惡魔氣焰囂張，造成時局惡劣，自然是凶多吉少。你的前半生沒有出現大災大難，到了後半生，疾病、刀兵、飢荒等氾濫頻頻出現，但是，你在這一生沒有結束之前，顯密正法不會落入邪魔手中。再過一段時間，這個地方顯密佛法蕩然無存，魔法興起，不會有絲毫安樂的時刻。你的晚年，眷屬增長、佛法廣興，我之所以派你作為事業的使者來到世界，就是為了能將我剩餘的所化有緣的許多人在今世中引領到解脫地。要深思這些道理並盡可能成辦他利，不厭其煩、不辭勞苦。」

隨即，前面的那位空行母說：「我們走吧、我們走吧。」

正當我準備走時，她又說：「奇哉，具緣的善男子，在這個虛妄的夢中，沒有行住，只是感覺有行有住，你專注法界，會從法界中醒過來，懂了嗎？」說完就融入了我。

於是我安住在覺性界中醒了過來。

在同一年九月的某個晚上，如純金般肌膚黃色的一位空行母爍爍閃光，身穿一件花綠色的氆氌。她問我：「你想去無雪銳峰山頂觀賞嗎？」

我剛剛答應說「去」，她就牽著我的右手，前往到上方虛空七由旬的地方。當來到一座巍然屹立、不可衡量的大山頂上舉目眺望時，發現在西北方有旺盛的火勢，並聽到足可震動三地的轟隆隆巨聲。

三十二歲

98

我問那位空行母：「這是什麼地方？」

她說：「這是鄔金天然屍林。要去那裡嗎？」

「走吧。」

到了那兒，滿地乾骨堆積的山高聳入雲，中央是鋪著濕人皮一望無際的大平原。附近到處是青草綠樹，全部是箭、矛劍林的形象，降下膿血黃水的雨，紅黑的火焰濃雲滾滾，整個大地布滿人屍，鮮紅的血海周邊環繞著。真言芥子和兵刃猶如暴風雨般漫天飛揚，凡是傳出的聲音就是念誦「啪達」、「呸」、「啾」，那聲響就像千聲巨雷，各種猛獸發出陣陣怒吼聲，奔跑跳躍。就是在如此極其可怕危險的地方中間大平原上，乾人頭作為邊緣、陳舊的人頭作牆、濕人頭為地基的雄偉壯觀的無量殿裡，大量新舊的人屍累疊成座的蓮花日月墊上，說是智慧金剛亥母的空行母，膚色深藍，威猛忿怒，頭頂上有一個黑色豬頭向上哼叫，以震懾所有勇士空行母。她右手向空中揮動彎刀，左手在胸前托著盛血的天靈蓋，全身赤裸，以人頭鬘作為項鍊，那副可怖的容顏，令人不敢多瞧。在她的右側是空行母益西措嘉，膚色深紅，顯出極度忿怒的姿態，右手執著鐵鉤，左手托著天靈蓋。在金剛亥母的左側是尼泊爾釋迦德瓦，全身黑色，忿怒神態，手拿木棍、盛血的天靈蓋。她們的四周圍繞著十萬俱胝的空行母，身著五部法界忿怒母恐怖的裝束。有些是淡藍色，有些是白色，有些是紅色，有些是綠色，有些是藍黑等等，顏色和裝束全不固定，任意幻化，種種遊舞。

我向所有空行母恭恭敬敬作禮，合掌啟稟：「奇哉，恭敬禮拜前世結緣的本尊、空行的主尊，祈求加持我的心相續，請為我宣說智慧空行修行方便的甚深生圓次第。」

　　三位空行主尊，同一密意、異口同聲地：「奇哉！具有緣分之善男子，且觀當今藏土世界，稱伏藏師多之又多，自恃清高搖擺遊蕩，所想所行多是虛偽。且觀利生擱置一旁，自我欺騙自我蒙蔽：有些是為邪魔唆使，有被持心覺受所欺，有些則是自高自大，無有必要寫伏藏法。且觀邊人來到中土，邪法烏雲障正法日。斷除徒勞無義行為，你既攝受剩餘所化，也使佛法長久住世，切莫生起長久之心。紅色獼猴拍起巴掌，天上降下鮮紅血雨，火金翅鳥揮動羽翼，出現藍色生鐵暴亂，黃色金狗狂叫不已，地下蚯蚓瑟瑟發抖，金黃色豬翻起大地，黑色毒蛇一躍而起……」

　　宣說了諸如此類許多教言完畢，又講了《空行集聚雪亮彎刀》和《直啟斷魔之門》。

　　最後教誨：「善男子，你有緣的弟子中有十六位超群絕倫者，一般的弟子數以百計，播下解脫種子的有一百三十五位，現在不是伏藏法長久住世的時候，當為有福分的弟子們宣講並囑咐他們實地修持。如今到了邊陲異教喧賓奪主，統占地盤的時期，不要有長久之心，為了伏藏法和論典歷經艱辛，只是兒戲而已。」

　　又說道：「心不散亂專注覺性界，且觀法界任運大樂宮，空行佛母翩翩而起舞，露出五部歡喜之笑顏，空行佛

三十二歲

母迎接結伴侶，由世間處抵達寂靜地，不具此理無有緣分者，墮入惡魔羅刹之行列，關閉上行解脫道之門，是故三來怙主之境界，不容延誤迅速而趨至。啪達啪達啪達。」我被這種猛烈的聲音喚醒了。

一世敦珠法王自傳

三十三歲

　　我到了三十三歲時，二月初七晚間夢裡，一位讓人目不忍睹、十分恐怖的僧人，用一把鋒利的匕首插入我的心臟，惡狠狠地說：「今天晚上就是我殺你的時刻。」而我卻說：「殺死我，我也對你悲憫。」

　　那人的回答是：「悲心旁生相續有，於自之子有悲憫，子亦會要父母命，你悲我兮我悲你。女孩炯熱快來此，食此可憐人血肉。」

　　他吟歌之時，來了一個大嘴巴、紅頭髮、長獠牙的女人，她的乳房懸垂在我的肩上，利齒刺入我的顧腔。正當萬分恐懼的那一刻，我頓然認識了夢境，隨即吟唱了這首歌：「嘿嘿！請聽暴虐油子僧，攜帶野蠻醜女伴，你是迷夢之妄相，我是空色無形身，豈有所殺與能殺？我與你是一味體，好似面容鏡中像，雖現顯現顯現者，一切皆是空自性，空性不可殺空性，殺我你倆也死歿，無死唯是顯現死，彩虹虛空之圖畫，虛空消於虛空中，今你與我無有別，離戲法界淨虛空，自然大勝阿阿帕達。」

　　那人說：「這個大壞蛋講修行，我心如刀絞，快快離開，快快離開！」說完就消失得無影無蹤了。

　　在那一年的七月二十一日當天，一隻紅色小鳥對我說：

　　「奇哉！善男子請傾聽，眾多了不起的大德已趨入不

現的法界，留下濁世的孤兒，也不會永久常存。

去年的花已凋零，剩下青青的草原，在冬季的嚴寒面前，也不會永久常存。

人間君主帝王，已從此世去往他世，留下孤苦伶仃的太子，也不會永久常存。

金翅鳥群已經飛走，剩下軟弱悲淒的小鳥，也不會永久常存。

所有龐大猛獸都已離世，剩下區區臭鼬，也不會永久常存。

所有傑出的瑜伽士都已圓寂，剩下搞世間八法的形象僧人，也不會永久常存。

國王的所有寶庫都已蕩盡，剩下僕人積累的財物，也不會永久常存。

草芽果實都已消失，剩下地鼠的積蓄，也不會永久常存。

夏季綠草已經枯萎，剩下灰白色的雜草，也不會永久常存。

沉迷輪迴的上師活佛，多數享受信財亡財，善巧無義累積貯藏，也不會永久常存。

貪利嗔怒的官員，雖能行以嚴厲懲罰，可背負著異熟報應，不會永久常存。

享用積蓄度日的富豪，擁有財寶享受，都是如夢如幻，不會永久常存。

獲得清淨的人身，千萬不要貪圖飲食，要修行自心自

一世敦珠法王自傳

位解脫的甚深教言。心不在焉而行持，甭想得到解脫，沒有了悟廢話連篇聽聞，對後世不會有利。沒有修行認為了知，甭想求得解脫，來來法性界中來，去去飛向那裡。」

說完牠就飛走了。

在那一年的十一月初十，當我安住在光明頓超的法界中時，又有一隻小鳥落到我的對面說了這段話：

「奇哉奇哉！

草原的領域，雖不是所有動物的住所，卻是潔白野騾的棲地。你沒見母子的繁殖率？

紫色亂石山嶺的這片領域，雖不是所有動物的住所，卻是強壯野牛的棲地。你沒見母子成百增長？

高高堅固的岩石山，雖不是所有動物的住所，卻是鳥王雄鷹的棲地，你沒見禿鷹母子的增長？

不定寂靜的深山，雖不是所有人的住所，卻是殊勝捨事者的棲身之地，你沒見眷屬弟子雲集？

空中繁星眾多，獨有日月罕見；

大地花朵眾多，獨有曇花罕見；

樹木森林眾多，如意妙樹罕見；

成群猛獸眾多，白色雄獅罕見；

獲人身者眾多，具實義者罕見；

聲稱上師眾多，真正上師罕見；

形象僧人眾多，具戒僧人罕見；

空談智者眾多，法入心者罕見；

口說修行眾多，實證空性罕見；
口說成就眾多，真成就者罕見；
稱伏藏師雖多，真伏藏師罕見。
不知伏藏師否？善緣大德請聽，
自現精華光明，深道虹身大法，
一緣專注修行，即生定得解脫。
弟子雖有眾多，能居山間稀少，
聲稱法主眾多，三類教授醍醐，
能夠廣傳稀少，求法聞法眾多，
能夠實修稀少。此理牢記在心，
執掌本位堅地，自然利益他眾，
遍主普賢如來，王位即是本地，
懂嗎懂嗎朋友？請看遼闊草原，
請望廣闊虛空，小鳥預往那裡，
寬廣法界草原，享受虛空寶藏，
小鳥母子快樂。」

說完牠便飛走了。

三十四歲

轉年，我到了三十四歲。一月二十五日，在舉行《黑怒母修法》的薈供時，彩虹光束網絡密布，天上飄下雄鷹的翎毛。與會的人們都聽到從蕩蕩的空中傳來管樂和琵琶非常動聽的音聲。當天晚上，我浮現出這樣一幕：有白、黃、紅、綠四位空行母抬著的轎子上，一位年邁的瑜伽士，頭上又長又白的頭髮，身穿祥雲蒼龍圖案的紫色錦緞衣裳，腰佩一把好看的刀，白銀的脅帶裝飾閃閃發光、極其耀眼，一位身湛藍色的空行母拉著脅帶，他們來到我的對面。

那位瑜伽士說：「具有多世修行力，開取甚深伏藏門，引領結緣者解脫，大德您前我乞身⑰，往昔木鼠之年中，我生為子彭措處，益西措嘉空行母，供養白色水晶塔，而交付給尊者您。成就者之家族中，為不沾染胎障過，我即依照其吩咐，降生為您之親子。我投你子為攝受，培育剩餘所化眾，必須前往此人間，今日來至你林園，我是法王赤松者，欽則益西多吉也，斷絕懷疑殊勝士，究竟父子成無別，得以同生極樂國。」說著從懷裡掏出一個純金的金剛杵和手裡拿著的帽子放在我的披單下。

我急著說：「不要這樣，你的標幟和帽子不要放在我的衣服下。」他說：「我們倆本是一體，別無二致，沒有過失。」說完就融入了我。

⑰乞身：指要投生為他的兒子。

四月初五的夜晚，我到了一個環境寬闊的大城市，在那裡，許多勇士空行眾會聚集以後伴著傳出各種樂器的聲音，他們口裡說：「迎請持明上師尊，迎請寂猛本尊眾，迎請佛母眾空行，迎請一切護法神。匝吽旺霍薩瑪雅，嘿雅呸呸，如海上師享薈供，如海本尊享薈供，佛母空行享薈供，諸護法神享薈供。」我不清楚薈供品是什麼、也不知是什麼顏色，反正是光燦燦、形似豬鼻，仿佛河畔的鵝卵石，不計其數，遍布那個地方。還擺放著數量極其可觀的寶瓶、金剛橛、明鏡等。我問：「這些人是誰？他們在做什麼？」

　　一個膚色黝黑的女子說：「他們都是你的百姓。」

　　另一位肌膚藍色的女子說：「這些象徵著弟眾。」說著就消失於法界了。

　　五月初三夜裡，我進入夢鄉：虛空中，無量無數的勇士空行眾都像蓮花寶般紅豔，光芒四射，他們彈奏各種各樣的樂器，聲音隆隆。我問一個女孩：「這些人是誰？」

　　她說：「是迎接東方熱貢色木炯地方的瑜伽士揚珠，當天晚上必須要去。」

　　我又問：「那是什麼剎土？」

　　她用手指指著說：「就是那邊的那個剎土。」

　　我舉目一望，看見紅花點綴的大地上一片鬱鬱蔥蔥的如意樹林，裡面如同日光般紅光萬丈，普及四面八方。我看到了讓人心馳神往、情不自禁萌生迷戀、絢麗美好的樂園。當我問那位空行母：「這般令人感到無比快樂、動人

心弦，那邊的地方到底是哪兒呀？」

她說：「那邊的地方就是極樂世界，那光芒是阿彌陀佛的光，如果發願，將來你也將往生到那兒。」

我也照她所說頂禮、發願。最後我說：「遍知的女孩，我原以為所謂的極樂世界除了世俗中自現以外絕不存在，明明不是自現而真正實有，這真是奇怪。」

空行母笑著說：「哈哈，除了自現以外還有一個真正實有，前所未見，以後也不可能現見，認為現在夢境不是自現這也是大錯特錯。」這時我醒了。

十月十八日晚上，一位獅面空行降臨到我面前，她把松石的蓮花碗和兩個銅藍寶篋交給我說：「善男子，你把這三件東西吞下去吃了。我的所有念修法會了然在心，阻礙你的違緣重重，要持誦空行心血的精髓十字心咒。如果恆常念誦、精進迴遮，那麼一切逆緣惡緣必定消除。」這時，我被四部空行大聲念誦「阿繞勒嘿哈」的響聲喚醒了。

三十四歲

三十五歲

當我三十五歲的時候，五月十五夜晚夢裡：一位說是色創瑪（金鬘母）空行母的女孩問：「去看看未來所發生的事好嗎？」

於是我和她結伴而行，到了一個全然陌生的地方，在一座大山坡上，有四腳撐起的佛塔，它的下面，有一個就像小匣子一樣的石角，裡面有大約一百五十個供水杯。

那位空行母說：「要拿好你的這些器皿。」

我是這樣說的：「沒有破裂的大概有五十個，可是有缺裂的占多數，這不需要。所有完好無損的也肯定有主人，沒必要去偷吧。」

她說：「這些一定沒有主人的，有缺裂的標誌著破誓言者和非法器，但無有破損的，象徵著是堪為法器的弟子，因此要拿好，這有一個必要的好緣起。」

我就依她所說把完好無損的供杯揣在懷裡。後來打開一看，有七個佛塔，那佛塔是石頭所砌，有些由泥土覆著，有些由牛糞蓋著。

我對那個女孩說：「你如果真的精通緣起，那請問用泥土和牛糞覆著，這些意味著什麼？」

她回答：「這些表示寺院的僧人享用信財。七杯供水，是您父子的所化眾生。現在走吧走吧。」

我進入一個又狹窄又粗糙的險道裡，在路邊，有一個肉色黑黢黢、長著紅鬍子可怕的人，一把抓住我的右手，

放入口裡，我生起莫大的恐懼，到最後才想起斷法的冒進，於是便說「吃掉我吧，帶走我吧」。說著握著拳頭使勁放在他嘴裡，結果他就不知去向了。

那個女子說：「信財主鬼王被你的冒進斷法降伏了。現在你就擁有佛寺的主權了，再看虛空。」

我抬頭一瞧，只見從烏雲裡降下冰雹，並聽到雷聲猛烈震響，我問：「這是什麼？」「那是邊陲野人來到中土的徵兆。」

隨後我們到了約一由旬的地方時，一隻凶猛的花色老虎發出「譃譃」的巨吼聲，由此我從中醒了過來。

在那一年的十二月十九日的晚上夢裡：一位說是吉德姆空行母翠綠璁玉色的女子來到我的跟前說：「最上士夫你傾聽，明日下午之時分，一位具戒之人，被凶戾魔鬼左右，精神顛狂準備自殺，為了調伏他，要使用斷魔最甚深的竅訣，來消除他的迷亂，將他的神識超度到法界，以血肉作宴請。如果具足要點，能降伏他，可是假設沒有斷定驚動量，大難會臨到自己頭上，今晚就會出現徵兆，要斷絕傲慢，具緣的善男子。不管出現祥兆還是惡兆，要斷除希憂執著，了知深義斷法要領，融入自心。」說完就消失了。

過了一會兒，一個年邁的僧人，左手拽著我的衣領，右手將一把極其鋒利的匕首刺入我的心臟，說道：「這回一定要殺死你這個野蠻惡人。」我驚恐不已，抽出腰刀，

照著他的頭一砍，結果他的腦袋裂開，栽倒下去，與之同時，我的刀也斷了。隨即我便拿起他的刀把他碎屍萬段，一滴血濺到我的胸前，當時我感覺發嘔。

第二天，朗拉秋對我說：「我們附近的比丘多勒瘋了，您不得不去。」

我對他說：「我做了一個非常不吉祥的夢，所以我不去。」

他說：「你如果不去，就相當於殺了我。我就一直躺在這兒不走。」

我實在無法推脫，便與他一同前去。剛到瘋人跟前，我就用一張全人皮猛打他，當全人皮從腰間折斷時，我想起了昨晚的夢，不由自主地生起了顧慮。

到了次日，瘋人病好了，可我的心卻一直嘣嘣跳個不停，無法入睡，不論怎麼作贖命、迴向、薈供、酬補都無濟於事。後來，我就修「病也歡喜死也快樂」，到一個又危險又恐怖的山岩裡，在脖子上繫一根繩子，一心專注，病就杳無蹤跡了。

一世敦珠法王自傳

三十六歲

　　我三十六歲那年七月初九的夜晚，在夢裡，出現一個凶相畢露的黑人，他一手插入我的懷裡說：「我是革戒滾波的大臣，被派來取你的心肺。」我入於輪涅空性遊舞中圓滿的三摩地。他一邊叫著「沒辦法對付他，對他弟子……」一邊緊咬牙關站起來，向後轉身，我拔出腰刀砍向他的頭，結果他的身體就像劈開的木柴一樣倒在左右兩邊了。

　　當時，有一個叫朗拉瓦的人，被藏巴喇嘛詛咒，為了回遮，他念誦大白傘蓋，結果發瘋了，後來他到我的跟前，我也憑藉斷法的教授而祛除了他的病。

　　十月的一天晚上，一個可怕的魔鬼攜同七個黑色女人出現，緊緊抓住我的左腳，正在使勁時，我拽著他的頭髮，抽出刀逼在他的脖子上厲聲說：「一定要殺了你。」

　　他哀求道：「別殺我，你有什麼吩咐，我都照辦。」

　　我說：「要發誓不害一切眾生。」

　　他說：「這一點做不到，否則我們只會餓死的，別無出路。其他吩咐，我都執行。」

　　我說：「既然這樣，那就發誓不害我的傳承弟子。」

　　於是他承諾：「發誓絕不害你的子徒。」之後就溜了。

　　十一月初十那天，我開始修《阿巴繞大財神法》，十二

月初五的晚上，面見了大財神，他說：「九年之內，凡是給你的財產切不可要，九年之後，我將給予你所需求的一切。明年你的長子交付給主人，對弘法利生會起到作用，次子給不給都可以，小兒誰也不要給，他會對你的教法有利。你還要出生六或五個兒子，他們全部是弘法利生，遣除貧窮衰敗，猶如摩尼寶珠一般，都是以願力投生的。你身邊湧現出空中群星般的弟子們，尤其有十七猶如日月啟明星一樣，對佛教大有利益。他們居於不固定的深山，精進修行精華法要，每一年勤修無死長壽法，極為重要。依靠甚深斷魔的教授，捨棄對身體的愛執，布施血肉，這是遣除一切違緣最殊勝的要訣，切切莫忘，銘記在心，我將竭力成辦你們所有師徒的順緣。」說著就不見了。

十二月初三的晚上，說是空行母旺吉嘉姆的一個紅色女子，對我說：「具有善緣之士你，此處金剛空行地，與鄔金得瑪塔拉，同等地行密嚴剎，自然生起禪定地。凡今轉生你處者，皆會獲得少成就，於釀芒小谷住一時，精進修行誅業，降伏佛教之怨敵，坡隆附近之山上，即是財神之聖地，依誅法力獲名譽，暫時安住於彼處，善緣子徒會雲集，不久前往於彼地。」說完就消失了。

一世敦珠法王自傳

三十七歲

　　我三十七歲的那一年是鐵羊年，一月初一當天，我來到瑪爾的釀芒山谷，開始修大自在天，從一月十五到二月十五之間嚴格閉關修行期間，大自在天直接賜給我說是挖眼銳利鐵鉤的咒語五字真言。我實際念修十天，那個佛教怨敵的眼睛就瞎了，依靠這種威力我贏得了名聲。

　　後來在四月裡，我正準備在坡隆嘎托造一間房子。初十的晚上，說是遍行部空行母的一位老婦人對我說：「最上士夫你過來傾聽，秋季八月初三，是建房的吉日，沒有到那個時間，並不是建房的時候，期間就待在這兒吧，沒有任何善緣惡緣。」

　　我這樣回答：「世間的大祖母啊，瑪爾坡隆山上，我的教法住世多久，請您明示。」

　　她答覆我：「出現無念迷亂士，觀察緣起即明知，今日我無可講說，你依我言而聽從，仇敵謠言如雪起，當思以往之業力。鄔金大師親口言：值遇我之伏藏時，印藏鬼神生妒忌，顯示吉凶之幻變，發出喚聲相爭奪，爾時我之殊勝子，如若全無諸畏懼，豈有惡魔之入門？當念所言之嚴命。」說完就銷聲匿跡了。

　　到了秋季七月初三，我招集了許多做工的人打地基，在挖護法神殿的地基時，蹦出來金子、松石、海螺三塊珍寶和銅、銀、鐵三塊，還有黃銅、銅藍、珊瑚等，熟知不

熟知的珍寶足足有一小盆，我知道這是福報和受用增上的緣起。在倉庫的地基下面出現了大小三具人屍的骨架和由銅線穿成的珍珠串。雖說護法殿，緣起很吉祥，可是房子下方的布局並不樂觀，因此沒有建造。

當房屋完工時，來了一個瘋瘋顛顛的僧人，為了觀察緣起，我對他說：「你去到瑪爾河裡拿來不同標誌的石頭。」說完他就去了。

那天晚上他帶來了一個形似人耳朵的紫色鵝卵石。我的兒子、弟子們都問：「這是什麼緣起呀？」我說：「這一定是表示此地不宜久留，要到一個有所耳聞的地方去。」

十月初三，我前面的空中，有一位說是事業自在空行母的黃色女孩對我說：「這個月的初十到十五之間要作大量的薈供，這個寺院大約兩代會成為佛法的寺廟，雖然你沒有長期駐留的緣分，但建造一定有利，因此大有必要。」說著就消失了。按照她所說的，我們隆重舉行了持明降魔金剛的伏藏品《妙法化身心滴忿怒金剛》的薈供酬補。

十一月初十清晨，弟子達瑪巴說：「請將黑怒母的一個修法立成文字，我一定盡心盡力精進實修。」

我在當晚就開始了，中間放置一段時間觀察夢境。

當天夜裡，空行母益西措嘉說：「我是空行益西措

嘉，你有什麼事要做的？」

我連忙回稟：「這個弟子誠懇祈求說『需要黑怒母的一個修法』，我已經開始造了，不知好不好？」

空行母說：「現在你的這個弟子，原是伏藏大師西繞哦色的弟子桑格嘉措，儘管擁有上師的願力，可是由宿業所感，如今投生為下劣種姓的人。假設他被邪魔轉變心態，就與你相違背，走向下道，對你的教法不利；如果沒有被這樣的魔所欺，就會成為佛法、眾生的殊勝怙主，而對你的教法大有裨益；倘若沒有隨魔所轉而修行光明頓超法，即將獲得虹身金剛身果位。」

我問：「大悲聖母，這個人與我發生矛盾，如果依止其他上師，是否能獲得虹身成就？」

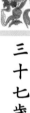

空行母說：「他在前世就是降魔金剛的弟子班瑪哦色，上師說：『將來我受生為敦珠朗巴，擁有四類甚深伏藏，願你在那時成為我的子民，修行我的深法而於大虹身中成佛。』雖然有此願力，但如果他沒有依止你，臨終只是處於平庸的狀態，趨入解脫之道也有困難。離開魔道，精通直斷的見解修行抉擇，最終依靠頓超道，就可能得解脫，如果隨從其他上師，會心生怖畏而沒有實修的時機，結果就是被惡魔和鬼女所欺惑。然而，如果把法立成文字，是最好的選擇，因為即使他沒有修行，可是許多堪為法器的法主有依此解脫的福分，不要在乎辛苦，要快速書寫，並且出現一個普及一切的緣起相，那是成就的預兆，必定出現一個最優秀的弟子。」說完她就不見了。

十二月初八晚間夢裡：在遼闊的草原上，有一個遍開鮮花的樂園，一頂藍黑色綢緞的大帷幕內，珍寶座上，鋪設著層層綾羅軟墊，上面安坐著我的上師嘉揚，他的音容笑貌依如生前。我一見到上師，就生起無比的信心、恭敬心和歡喜心。一邊流著激動的淚一邊向上師表白：「生生世世永恆的怙主，多年以來不曾相見，今天我才有拜見的緣分，您住的是什麼地方呀？」

上師說：「我以前本是發願求得往生西方極樂世界的，因為沒有經常切中要點念修，而沒有起現極樂世界的景象，由於切合了金剛薩埵的念修，結果在第一中陰的階段就想到了東方現喜剎土，結果起現它的景象，這裡就是東方現喜剎土。你將伏藏法立成文字頗為奇妙，情況如何給我講講吧。」

我匯報道：「大悲的上師，您是自在駕馭具五決定剎土的大菩薩，必然對我的情況一清二楚，因為有重大的密意才這樣說的。在我二十三歲的時候，有一天晚上的夢裡，說是觀音怙主的一個有金髮髻的白淨之人對我說：『善男子，你從多生累世之前就是具有良好緣分福報力，並有著清淨的發願力，是圓滿五道十地功德的有緣人。這次有弘法利生的緣分，所以把這個丸子吃了。』他邊說邊給了一個拇指大小的水晶丸，表面如同鏡中顯影般呈現出五色文字『嗡吽張舍啊』。我立即把它吞下去。聖者說：『那是《密意自現深法》。』說完就融入了我。後來一段時間裡，我著手念修文殊語獅子，期間有一天下午，芳

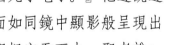

香洋溢整個住舍，當時我現見文殊語獅子的尊顏，他順手交給我一個鳥蛋大小的金丸說：『把這個吃了。』我馬上咽下去吃了。他說：『這是《淨相智慧網》。』說完就融入了我。還有一次，我見到了說是大吉祥尊金剛手的一個非常忿怒、目不忍睹的人，正當我異常恐懼的時候，密主說：『大士，你不要驚慌，休要害怕，請聽我說，我是三世諸佛威力集為一體、一切護法的源泉大力金剛手，你也是我的意化身，被讚為利益眾生的使者。』邊說邊把一個小指左右的松石塔賜給我，那個塔內元音輔音字母呈現出緣起咒的圖案。他說：「把這個吃了。」於是我把它放在嘴裡，結果到了口裡就化為烏有，但我還是作了吞咽的姿勢。密主說：『那是《法性虛空藏》。』說完就融入了我。自那時起，《三類淨現法》如同刻印般了然浮現在我的相續中。另外，我面見鄔金海生金剛（蓮師）時，他圓滿地恩授了顯密如海續部能成熟之灌頂和能解脫之教言及作為依據的所有經教。當親見佛母益西措嘉尊容時，她直指輪涅大空性使我了悟。時而我也面見持明上師眾和諸多善逝佛子，得受法語甘露，他們加被我的相續。我開取深法空行心滴標題的情況是這樣的：從瑪爾的瓦得岩、尊木俄古岩、瑪爾的波宗佛塔、吉珠佛塔、札西古芒和喜熱堅裡，得到了標題、副標題等石質、竹管、土、紫膠、木質所製的寶篋，存在於石炭裡沒有寶篋的卷紙也都得到了。」

上師說道：「《三類淨現深法》是三部怙主真實幻

三十七歲

現，由於佛法住世期短，因此是所有威力集於一體的方式，加持力極大且迅速，實修它的人們不久確定無疑快速解脫。」

我問：「上師啊，佛法住世長短是由什麼導致的？」

上師講述了未來（有關佛法住世長短）的許多授記，之後就消失於法界中了。

> 諸佛真實智悲力，三部怙主身語意，
>
> 幻化應機調眾現，不可思議金剛語，
>
> 三種深法之喜宴，滿足所願多稀奇！
>
> 遇彼極其有緣者，即是最後有者矣，
>
> 愚傲攪心其餘者，縱以妒心妄中傷，
>
> 擁有修證老人我，心安理得真快樂！

一世敦珠法王自傳

三十八歲

我三十八歲那一年是水猴年，在將《忿怒空行母修法》立成文字期間，刮起了一場狂風，將文稿吹到四面八方，我清楚這是普及各方的象徵。當時，鳥王雄鷹漫山遍野，空行之靈——鷹鷲的翎羽如雨灑落。弟子班瑪札西立誓把它作為自己的修法，在他開始寫文字的當天，從朗朗的天空中，降下營養豐富、味道鮮美的乳汁，足有一碗。他把乳汁一飲而盡，結果三天裡全身心充滿安樂，重新生起了證悟境界。最終他也具有超群絕倫的證悟和智慧，一直居無定所，堅持棲身深山修行精髓法門，並於真實圓滿正等覺的捷徑中獲得自在。

> 無實離礙虛空之中，　出現有實甘露乳汁，
> 依此極深竅訣修法，　空界智體金剛亥母，
> 加持方便現二悉地，　無勤之中即能擁有。
> 具證上師加持教授，　善緣弟子因緣合時，
> 殊勝悉地輕易成就，　此性乃是緣起規律。

弟子才傑，以十分喜悅之情想把它作為自己的修法，在寫文稿的過程中，他住宅的上面呈現出五種成匹綢緞般的彩虹，那標誌著解脫成為虹身幻身。到最後，他在拉薩圓寂之時，也出現了彩虹光幕及超勝的驗相，成為衛藏、後藏等眾所周知的一件奇蹟。

在十一月裡，我進入一個月的《忿怒空行母法》修行時，修行的道友只有高足才傑、班瑪札西和鄔金三人，因為我斷定他們必然是恪守誓言的人。在那期間，鳥王雄鷹的翎毛飄然而落，芬芳的妙香遍滿舍宅，諸如此類的瑞相紛紛呈現。以前我住在霍爾家時，諸若上師欽繞說：「請你把《文殊續》給我寫出來。」在十一月初十開始時，空中傳來隆隆的雷聲，白霰紛紛飛落，我喜出望外地說：「想必緣起很好，真高興。」可是他卻不以為然地說：「冬天打雷是惡兆。」發現這一緣起不妙，於是我寫到五頁，就放下了。

一世敦珠法王自傳

121

三十九歲

　　轉年，我到了三十九歲，五月初九的夜裡，一位空行母說：「這是你需要的東西。」說完交給我一個鐵金剛橛，那個金剛橛格外精美，令人合意，繫著黑綾子，頂端還繫著一個不太好看的石頭橛。她又說道：「孩子，這是賜給你的。由於愚癡上師的手傳過，而繫著黑綾子，和它連在一起的這個石頭橛，對別人來說用途不大，應該是成辦自利的。」

　　第二天也就是初十，上午，切藏多桑和拉左多吉來了到那裡作薈供喜宴。在當天晚上，一位空行母說：「這位多吉桑波是空行益西措嘉的化身，要宣講所有教授的醍醐，此人的心很有危險被邪教轉變，如果沒有轉變而聽從你的話，那麼能將無數所化眾生領入解脫道，最後獲得虹身成就，肉身化光而解脫。」

　　我問根西瑪空行：「這個人的心被其他邪教轉變，會怎麼樣？」

　　她回答：「他就會像鳥王墜入毒湖當中一樣短命，今生也不會利益眾生；另一位道友雖然無法饒益眾生，但能成就自利。此二人，居無定所，棲身山間，十分重要。」說完她就不見了。

　　十月初八的夜裡，說是格則瑪空行的一個女子對我說：「明年一個敵人會憎恨你，要以繞呵拉護法神來對

122

治，在今年當中精進祈禱、供養繞呵拉也相當關鍵。奇哉！有緣之士你聽：地是虛空自性，虛空顯現為地，水是虛空自性，虛空顯現為水，火是虛空自性，虛空顯現為火，風亦虛空自性，虛空顯現為風，虹是虛空自性，虛空顯現彩虹。我是虛空自性，虛空顯現為我，器情虛空自性，虛空幻現器情，譬如觀觀夢境，起現夢境之時，現有觸礙色法，非是白天景象，畫景現時器情，現有觸礙色法，夢境起現之時，彼不現不可現，倘若如理觀察，自他皆是虛空，虛空淨明無濁，虛空無生無滅，諸法無垢虛空，非是無情空性，呈現一切萬法，虛空法性離戲，清不清淨諸法，虛空性中淨等，證悟虛空自性，明了現前虛空，即解脫道之最，別無大圓滿名。皆空虛空本性，證悟空性見解，另無所謂空性，佛陀宣說其義，讚解脫道之最。示說敬請誠信。」

說著就融入了我。

一世敦珠法王自傳

四十歲

　　轉眼我到了四十歲，二月初三晚上我夢到東方升起太陽，月牙高掛，南方出現啟明星，北方出現彗星。這時，空行母智慧自在母來到。於是我問她：「天上同時升起這些日月星辰是什麼相兆？」

　　她娓娓解釋說：「奇哉，善緣之士請你聽：東方朝陽冉冉升起，那表示紅黑現巴夜叉；陽光普照大地，表示無偏護持傳承；天空明月高掛，那表示大自在天；月光普灑地面，表示佛教遣除惱熱；南方出現啟明星，那表示空行護持佛法；北方升起彗星，那表示事業由繞呵拉護法來成辦。了知此義，要專心致志酬補、祈禱。無雲的虛空，象徵著具有證悟的弟子湧現，一定要知曉，善男子！」說完就消失了。

　　四月十五的晚上，說是大班智達布瑪莫札的一位瑜伽士來到我的對面。我問他：「您為什麼蒞臨這裡？」

　　他說：「只是有些話要問你，別無其他目的。你前世是誰？君臣時代（指國王赤松德贊時期）又是誰？回答這兩個問題。」

　　我答道：「我的前世是敦珠如巴囮，再前世是敦珠多吉（降魔金剛）。君臣時代，是大成就者卓萬切穹譯師。從那以來，轉世為十位伏藏大師。」

　　他又問：「你現在是生於何處的人？」

我說：「我生在色達。」

他問：「那你到果洛來做什麼？」

我答：「我是一貧如洗的人，是來尋找一些利養。」

他問：「面見本尊、得到授記的情況如何？」

我說：「那倒是非常多，可基本上都忘記了，多得說不完。」

他問：「給你直指見解、修行的上師是誰？」

我說：「在這個世界上，給我直指見修人中的上師一個也沒有，有時我是憑著自力證悟，有時靠持明上師們和佛母、智慧空行眾在覺受或夢境中作指點，這種情況屢屢出現，使我原原本本認識了輪迴涅槃大圓滿的實相或本性。」他又說：「我來給你宣講輪迴涅槃圓滿的教授。」隨後宣說輪迴涅槃圓滿的教授，我也都心領神會了。

他接著說：「你離開這個世界時，請來怙主我的跟前。為此要竭力觀想我和我的剎土。」

我回稟道：「我是在極樂世界清淨大安慰國土中得不退轉地的，所以一心發願往生那裡。」隨著他的「哈哈」大笑聲音，我醒了。

十月初九的夜晚夢裡，我來到了一個不熟悉的地方，那裡有一片森林，生長著柏樹等各種各樣的樹。在一塊岩石前，碰到了一個老頭，他的頭髮、鬍子、眉毛全白了，皮膚卻黑得要命，在層層的皺紋中間出現滴滴的汗珠，手裡拄著一根拐杖。我問他：「你是誰呀？」

他說：「我是長壽人妙慧，你是誰呢？」

我說：「我是革勒伏藏師。」

他說：「你怎麼取上伏藏師名稱的？聲稱伏藏師的人很多，可是當今無誤的伏藏師沒有啊！」

我不屑地說：「給你一個老頭子講伏藏的歷史，你也不懂，沒有必要。」

他爽朗地笑著說：「我是世間的祖父，甚至世間形成的原委和劫的壞滅變遷我都無所不知，你還是詳細講講吧。」

「如果你懂，那為什麼說聲稱伏藏師的人如何如何？」

他說：「啊，有些人貪戀女人而說是伏藏師，心裡所想寫成文字；有些人原本低劣而好高騖遠，才這樣做的；有些人厭棄貧窮才這樣做的。既然是伏藏師，女人對他有什麼用呢？她也不知正法；既然是伏藏師，高官對他有什麼用？他並不是沒有得到百姓；既然是伏藏師，為什麼一生都奔波在信財上？他又不是收攬信財的使者；既然是伏藏師，為什麼忙忙碌碌周旋在家務事上？他又不是放牧人，也不是奴隸。」我生氣地說：「是誰派你這樣說的，評論我們的是是非非，你到底有什麼目的？」

他嘿嘿一笑說：「不要動怒嘛，有話好說。你認為自己是有修行境界的人，可現在確定沒有修行境界，我並不是對你個人污蔑，現在已經確定不是伏藏師了，這些是我老頭子想觀察觀察，看看你的境界究竟怎樣？乖乖，就算

有一個相似的伏藏，也可能是鬼神的把戲。有些人聽得很多，懂得很多，就靠這個串習力來造；有些人浮現出修行覺受的妙力相；有些人智慧粗淺，而誇大其辭，各種情況都有。有些人也可能自我杜撰，以分別心的現分造成文字，你有什麼伏藏法嗎？伏藏的地點是哪裡呀？」

我說：「我的伏藏叫《深密空行心滴》，屬於地伏藏類，伏藏的地點就是瑪爾的瓦得、俄古和色達下面的阿拉達則神山。蒙受三部怙主的加持，鄔金蓮花生大師的攝受，得到持明成就者們印持發願灌頂的《三類淨現法》等不可思議的法門，都沒有寫成文字。」

他說：「如果不寫，那一開始這樣取伏藏有什麼意義呢？你的伏藏法有什麼加持和能力的驗相？有沒有咒力和功效？細緻講一講，我老頭子有興趣聽，俗話說得好『老人喜愛暢所欲言，少年喜愛妙齡女子』，我愛閒談。」

「修行我的伏藏法中《本尊修法》出現暖相的情況倒是沒有聽到，真不知道這是什麼原因導致的，所有威猛護法，只要修一個月或兩三個月，沒有不出現成就相的。圓滿次第的引導法，專心一意實修的人們，都會獲得五道十地的證相。特別是，實修頓超的人，八個月以後沒有不達到第一持明地（指大圓滿第一步境界）的。如果談到咒力的情況，一般來說我的所有對手，不超過九年，不可能不遭殃、損失、毀滅的。給你簡略地講講，一位昂索空行母曾經告訴我：『當你有敵人時，要精進祈禱繞呵拉護法神。』我依靠自己的伏藏法《花曜霹靂》進行祈禱供養，

一世敦珠法王自傳

我的弟子多吉桑波師徒的馬連同馬鞍和馬銜鐵被布索、秋西多勒和假名為嘎卡札的秋西旺波三人搶奪去了，天色將晚他們來到我的跟前，說：『我們倆的馬等被奪走了，你肯定是誅業運用自如的人，聽說前代的諸位伏藏大師也都是這樣，勞駕您讓那個仇敵在今晚就立竿見影。』於是，我馬上召集眾弟子們祈禱一千遍繞呵拉護法神，最後放咒。結果在十一月二十九的夜裡，狂風大作，天降大冰雹，與之同時，巨雷大震，在這些上面降下星曜之雨，秋西多勒牙關緊咬不能開合，吃不進去飯；嘎卡口吐鮮血而亡，所奪的馬等還回來了。第二年冬天，布索說：『這怎麼會是他的咒力，我發誓再去革勒家偷東西。』於是他又盜了革勒家的三匹烈馬，其中兩匹帶著竊繩跑回來了。二十九的當天，我心裡觀想偷馬者而對著那條竊繩上面念誦咒語，第二天清晨，那竊繩的根部有一個雪豬子的屍體。我說那是一個僧人死亡的兆頭。布索的弟弟本來已經痊癒的天花又再度復發，結果命絕身亡，他們遭遇諸如此類各種不幸，沒有太平的時候。在我建房子、修寺院的過程中，一個名叫傑姆拉布的人說『我的冬牧地被你們搶去，這罪過可嚴重了』來反抗，我念誦紅黑現巴夜叉護法神心咒，結果他人財兩空。另外，我有一個對手是果洛地方最凶的官員，他最後也是落到雙目失明、勢單力薄的下場而死。就是這樣，我的伏藏法的所有護法神，都是別人無法與之抗衡的。」

那個老人說：「聽你這麼一講，加持和咒力就一清二

四十歲

128

楚了。如果修本尊，那麼不具備不誤入生起次第平庸歧途而本尊本體觀為上師以及穩固的佛慢，就不可能成就。你如果是一個斷法者，那麼達到了驚動量嗎？」

我答覆說：「以前，我超度一個叫巴繞加嘎的小孩時，得了一場大病，不管怎樣都於事無補，那天晚上，我一心專注，結果一個黑頭髮、紅鬍子的人說：『我是匝耶色茶，我來吸你的這個病，你給我布施大量食子可以嗎？』我答應他一定施捨。於是，他的嘴對著我的腎大口大口地吸，我感覺裡面全部被吸出來了。第二天早晨，我的病就自然消失而恢復如初了。當然，我無法一五一十全部講述，大概有兩百次驚動量、結束量、度過量的情形發生，現在什麼也不再出現，老人家你相信我嗎？」

老頭說：「相信相信，請聽我的這支歌：

看看秋天繁茂的青青草地，雖然絢麗繁盛，可是當冬天的魔女臨近，沒有多日累月興盛的時機。

看看度過上半生的老人，自以為謀得高位暴利，再竭盡全力數數苦行，然而死神臨近啟程，沒有機會長久住存。

當今濁世的伏藏師們，身心一直無有空閒，兢兢業業抉擇伏藏法門，期望佛法長久住世，可是看看邊陲邪教的來臨。

與世俱生的老人我，雖然一再習於世間事，可修行的情況無需向他人講，沒有時機長久駐留，看看韶華已失的這番情形。

一世敦珠法王自傳

我誹謗你又有什麼害處？它對你無所損害；我相信你又有何利？對你毫無利益。縱然別人百般惡語中傷，但對它斷絕嗔恨之心；即便眾人交口稱讚，那也沒有多大利益，不要貪戀沉迷取悅。

　　在清淨虛空的見解中，無所改變安住修行，行為無取無捨，不加改造，如如不動而安住。

　　如果出現有緣的子徒，要宣講能解脫的教授。到了垂暮之年，放棄尋求利養收攬信財，死神來迎候的時刻，要做到內心坦然。

　　妙慧老人我，不為他害，前往岩石處，你也從夢鄉回到白晝廣闊的天地。」

　　說完他就融入了岩石中。

　　在那一年十一月初一，我開始修一個月的降魔金剛伏藏法《忿怒金剛》，從十二月初五到十五之間修行《忿怒母法》。

四十歲

四十一歲

我到了四十一歲的那年，五月十八的晚上，說是密藏主母空行母的一個女孩對我說：「夏天你去募化乳品，到了冬季，就不要再去化緣青稞，一心一意閉關修行。」

我說：「得不到吃的，就必須去呀。」

那個女子說：「在這個山上，耕地播種，那就是吃的。」

她接著吟唱起這首歌：「冤魂幻化來反對，怨鬼垂手取掌中，鬼蝪握入手中緣，受用財富惡魔反，其果不安痛楚起，爾時非為留住時，去往西南交界處，名為雅青喇榮溝，暫時安住則善妙，美名遠揚增吉利，具緣子徒紛紛至，莫忘如此記心裡。」唱完就消失無蹤了。

六月的一天夜晚夢裡：上方的虛空中十分可怕的烏雲滾滾，黑沉沉一片，四周盤旋著紅黑色的雲彩，密密籠罩，突然間，其中的一朵雲飄到我的面前，上方墜下一個令人見而生畏的老虎，頃刻之間，那隻虎開始嘔吐，呃逆的口裡掉下一個老太婆，又過了一會兒，那個老太婆生下一個兒子，抱在懷裡，這時，那個孩子站起來到地上問：「媽媽，這是什麼地方？這是什麼寺廟？是誰建的？」媽媽說：「呀呀，寶貝兒子你傾聽，如果你不熟悉這個地方，那是哲境惡魔危險之地；如果你不認識這個人，他是果洛罪惡城的人；如果你不清楚這是什麼寺廟，它是今

一世敦珠法王自傳

晚才形成的寺廟，建廟者就是降魔金剛。這個地方是虛幻的城市，這個人是集市上的過客，這個寺廟是行客的歇腳點。」那個孩子又說：「媽媽，你講講劫形成的始末和眾生佛法的狀況。」於是那個老婦女詳詳細細講述了初劫形成的原始歷史。接著，那個孩子又敘述了未來的情形，我就這樣聽著他們詳盡講說，但唯恐篇幅冗長，而沒有書寫。後來那個兒子問：「我們母子要去往何方？」老婦人說：「奔赴不住通徹無阻的城市。」說著就把兒子吞下去了，隨之老婦人說：「喂，敦珠，你沒有在此地長住的緣分。」她的話音剛落，那隻老虎就把她吞到口裡，她一邊說「邊陲野人臨近會毀滅佛法」，一邊與雲朵渾然融合而消失。

四十一歲

四十二歲

我四十二歲的時候，在三月初一的那一天，我在普隆嘎托耕地，播下兩皮口袋青稞，秋天時收穫了五十一皮口袋。

七月初十的晚上，我夢到：說是叫根薩嘉姆的空行母來到我的對面這樣說：「哎哎！南方凶狠的惡魔由邪願，招致境域不安的報應，召集上方魔眾來做客，準備斬斷青龍的髮辮，山王處發生戰亂，率領邊界野人到中土，由此因緣消除佛法、眾生的安樂，此地惡魔殘忍的伎倆，黑熊貪吃肉食，由牠發出吼叫的因緣，雪山白色雄獅發威，成群的虎豹，幻化出尋香城，當蒼鳴響起之際，嘎那嘎熱境內正法興起，一時間得見快樂的旭日。」說完就不見了。

到了三月十五，有個叫秋古拉如的人把我的一頭母犏牛偷走了。儘管大家都說「要對他放咒」，但我對他們說：「這樣做是不行的，最終他們會查到根源，那肯定是要發生不愉快的事。」我沒有詛咒。

八月十五的晚上，一位空行母，肌膚黃色，宛如純金般光彩奪目，她身穿一件白緞子的裙子，來到我的對面說：「去南方普陀山朝拜好嗎？」

我問：「你是誰？」

她說：「我是住在普陀山的大獠牙護財空行，前世我

一世敦珠法王自傳

們有緣，你的那個明妃就是我的化身，來喚你到那裡。」

於是，我與她結伴飛向空中，當到了廣闊無垠、深不見底深藍色大海的邊緣時，東南西北四面八方周圍都是由許多山巒環抱著，交叉地方的所有河流匯入大海，百川集於一處，在它的中間是無邊無際的廣闊平原，中央幅員遼闊，地面平坦，其間旋繞方式存在的湖泊，裡面有天鵝、丹頂鶴、海鷗，白的像海螺，黃的似純金，紅的如珊瑚，綠的若璁玉，花的宛如錦緞，諸如此類，大中小的，不可思議，到處都有紅黃鮮花覆蓋，在湖畔，有許多龍子龍女、乾達婆子乾達婆女、人非人子人非人女，在一個會人語的白色丹頂鶴前聽聞正法。

我問那個空行母：「那邊的丹頂鶴是誰？」

她告訴我：「牠叫善說仙人。」

我又問：「這些男男女女既然是龍子龍女、乾達婆子乾達婆女、人非人子人非人女，他們為什麼在這隻鳥面前聽法呢？」

她說：「他們並不是沒有積累過福報的有情，是在人間以虔誠的信心和恭敬心祈禱聖者，嚮往那個剎土並念誦了數億遍六字真言，而沒有轉生到決定的觀音剎土才轉生到這裡，通過聆聽正法、積累資糧，最終獲得慧眼，死後將往生到清淨剎土聖者之城。」

在鐵圍山般的湖泊中央，又是一個大平原，它的中間有一座觸及雲霄的大山，不分冬夏白色的花朵漫山遍野。到了山頂，發現離地一由旬高的上方白晃晃的光芒映射地

四十二歲

面，中央是奇珍異寶所成的寬廣無量宮殿，裡面有如海的勇士、勇母，位居於中的聖者大悲觀音，一面四臂，雙足金剛跏趺，坐在寶座上，周身嚴飾報身圓滿裝束，與紅色的空行自在佛母雙運。一見到聖尊，我立即頂禮祈求說：「請恩賜給我即生解脫的教授。」聖者大悲觀音舒展妙手給我顯現一本經函，並且說：「參看這個定除痛苦的教授。」當下，就如同刻印一般，我心中瞭如指掌。

觀音又說：「現在給予你我修行此法的灌頂和傳承。」說完就宣講了一遍，結尾時說：「願以寶瓶灌頂使身體成熟為金剛身，願以秘密灌頂使語成熟為金剛語，願以智慧灌頂使意成熟為金剛意，願以句義灌頂使境心轉移、成熟、解脫為身智的莊嚴。」

最後他說：「善男子，當今正值五百年濁世，對勝義妙法堅信不移的人寥寥無幾，依靠發願力，沒有不成為我所調化的人，依靠我自身修行的方便，恆常作意，精進念誦六字大明咒，末尾以迴向發願印持，恆常發願來我此剎土的人們終將往生到這裡。為此，積累福德是殊勝的要點。如今你在良辰吉日做薈供，至關重要。所有弟子如果能夠居於深山，會湧現出一批獲得虹身成就的人，我予以授記。」

隨後，那個女子一邊說「走吧、走吧」一邊牽著我的手，結果我醒了。

接下來冬天的三個月裡，我進入本尊念修，嚴格閉關。

一世敦珠法王自傳

四十三歲

　　我四十三歲那年，四月初十的晚上，說是普明具目母的一位空行對我說：「善男子且聽我言：依照南方使者語，幼獅騰越雪山巔，綠色鬃毛極完美，東宗薩札此座山，是贊木真瑪波處，佛母空行安樂源，俱胝空行眷屬繞，若有緣彼處修行，除非是破誓言人，皆得一分微悉地，不要忘記銘刻心，具有緣分善男子！」說完就消失了。

　　五月初一我開始上路，多耶藏欽寺，祈求心子欽則涅革（智悲芽）坐床，後來到了諾若寺，他們也祈求他坐床。最後，在八月裡又返回到自己的寺院。

　　在那年冬季的三個月，我也閉關修本尊法，期間，許多空行獻上食品、財物、衣服等各種妙不可言的受用，三次在覺受、夢境中發願、得受灌頂。

四十四歲

在我四十四歲那一年一月初十的晚上，說是囊哲旺姆空行的一位女子，翠綠瑪玉的膚色，佩帶骨質六飾，她對我說：「具有多劫願力緣起力的士夫，使者勸請有重大意義的必要，去匝嘉華哦神山附近，小住一段時間。瑪嘉波熱護法神奉送財物，達嘉華哦承侍於你，在蛇年，前往色達山谷，弟子興盛，也富有聲譽，如果執意住在此地，會有大難臨頭，因此要明白這件事。今年過後，由惡魔的反對中，得到原始黑色的驢，傷害諸牲口，那個大黑繞呵拉，作為摧毀魔軍的使者，依此惡緣有勝利時。」說著就銷聲匿跡了。

五月初一那天，我啟程到香匝切嘎（石渠）去時，瑪多地方有三百頭野牛和我們一起同行了三天，我們白天提前行路，晚上住在附近地方，我知道這是瑪嘉護法神派遣迎送的。

過後的一天夜晚夢裡，神山護法根嘎雲訥說：「我先行一步，提前通知擦哲，需要騰出住所。」說完他就走了。

那天晚上，擦哲巴夢到：一個獅子頭的黑人披著一件黑色大氅，騎著一匹白蹄黑馬，用劍刺穿住舍說：「你們要騰出住房，已行的伏藏大師仁波切師徒明天就到了，要把你們的東西搬到帳篷裡。」於是他們空出了住房。

那天，我們在瑪姆哲嘎過夜。當天，遇到匝嘉寺的人來迎接。第一天到達匝嘉寺時，僧人列隊恭迎，擦哲師徒三人也出來相迎，祈請我的小兒坐床，擦哲仁波切的寢室作為住舍，我們安頓下來。

第七天的晚上，我面見全知無垢光尊者，他完整恩賜大圓滿的教授，並完全交付。隨後又說：「你的這個兒子是我的幻化持明晉美朗巴，如果能善始善終精進閉關修行，會有卓越的證悟，將對弘法利生起到一定的作用。」說完就從視野中消失了。

六月初九的晚上，又有一位空行母說：「明天帶著小兒子到華智仁波切面前，請求一些傳承，會得到。」

初十當天，我們來到華智仁波切面前，正趕上他們做完薈供接受供養的獻新之時，上師說：「緣起非常好，供養獻新就給這兩位吧。」按照他所吩咐，智悲芽和我兩人得到了供養的獻新，心裡無比喜悅。上師說：「如果活佛住在這裡，將得到所有引導法。」我們遵照他所說待在那兒，結果上師完整宣講《入行論》、《現觀莊嚴論》、《入中論》、《密藏續》等許多引導傳承，我們都得到了。

後來，智悲芽師徒住在該寺，我們師徒五人準備在十月初十回到故土，誰知途中下起一場大雪，心裡不免有些害怕、恐慌。晚上，我夢到紅黑現巴夜叉護法神說：「你們不要害怕，不要痛苦，我使大雪不再下。」從那時起，當年整個冬天都不曾下雪。

四十五歲

我四十五歲那年，二月初五那天，秋古拉丹由於搶劫而被關進監獄，受了許多苦。後來，有幾個調解糾紛的人從中化解，結果中間他又中斷官司而逃回家鄉了。

六月十二那天，為了報復，他又把我的所有牲口都趕走了。當時，他們來喊我，正巧我去化緣不在家。當我回到家以後，眾人七嘴八舌地說：「現在必須放咒。」

我說：「現在是上旬，如果詛咒，很難有成效，要放咒必須在下旬。」

十七的黃昏，我用自己伏藏品的《曜護法神法》詛咒，結果在當天晚上，仇敵家降下凶曜，第二天，帳篷裡一條柱子粗的黑蛇一直在盤旋。其餘許多牲畜都由星曜煞氣而喪命。那個仇人被關在官方的監牢裡飽嘗了痛苦。當我念誦本尊心咒達到十萬遍的時候，仇敵的田地降下大冰雹，大山坍塌，農場受災，被無法清除的石堆覆蓋著。再有，那些地方的所有田地，連一藏升果實也不剩，全部摧毀無遺，以至於發生了大飢荒。我的所有牛都放回來了，由此也就化解了矛盾。可是最終，敵手已經毀於一旦。由此我的咒力名聲遠揚。「先前遭殃最終得勝」的空行授記應驗了。

四十六歲

我到了四十六歲時，就打算去色達上方喇榮山溝，先派三人前往，結果瑪多的永仲嘉則（土地神）不想讓我走，使所有馬匹都癱臥不起，無法行進。當我們準備往回返時，所有的馬都站起來返回。

隨後，我在那裡的土地神面前焚香祭祀，獻上大匹錦緞之時，土地神親自現身說：「請你不要離開我們這個地方。」

我對他說：「你不要這麼說，我遵照空行授記，不得不走。」

他說：「那，我今年沒辦法去，明年必然到你去的地方。」

我說：「明年六月裡，我呼喊你的名字，如果天上雲裡能落下雪粒，那就是你到來的徵兆，我也供養、祈禱你。」

夏季四月十三，我開始上路去色達的當天，說是庫勒則丹的一個在家人騎著一頭沒有角的褐色犛牛說：「您如果不留下來，就騎上這個。」說完，就牽來一頭黑犛牛，然後他逃走了，我正準備勾招時，大夜叉護法神說：「不要勾招，放了為妙。」我也就沒有勾招。

五月初三，我來到了色達上方的喇榮，那裡住著一條

凶悍的龍，騎著一個裸體的人，來到我的面前說：「你不可以住在這兒，這樣會對我們造成極大的損害。」

我說：「我給你造一個供台，不要緊。」

那條龍又用一條黑蛇作為鞭子抽打我，我一把抓住牠的脖子，使勁擰。牠嚇得魂飛魄散，保證說：「放了我，我發誓不陷害你們。」於是我便鬆開了牠，牠跳到了泉水⑱裡。

一世敦珠法王自傳

⑱泉水：現今色達喇榮五明佛學院的龍泉水。

四十七歲

　　轉年，我四十七歲。三月十三，一個黑色女人，兩個乳房交叉垂在肩上，紅紅的頭髮拖在地上，一絲不掛，惡狠狠地對我說：「你不可以住在這裡，我是主宰上至達尼下至羅宗（羅科瑪、宗塔宗麥等地）地方所有牲畜的命脈者，你想什麼，如果能走，就快離開。」說完用一條黑色粗牛毛帶子來打擊我。我一把抓住她的右手，奪過粗牛毛帶子，將金剛橛插入她的心臟。她大喊：「壞蛋，放了我！」我說：「我非殺你不可！」她連忙說：「不要殺我，我發誓不害你。」於是，我把她派走了。實際上，她就是色達紫青草原的樹神母。

　　六月初二那天，我到高高的山頂，喊了三遍「永仲嘉則」，當時萬里無雲、藍藍的晴空中飄落星星點點的雪粒，整個大地變成了銀白色，人們都感到奇怪。

　　在該月之前，說是空行母益西措嘉的女孩，穿著五色的長短衣裳，用各種珍寶裝飾打扮，出現在我的對面說：「尊敬的大德，你四十八歲會有一個大壽障，難以消除，想方設法遣除它相當重要。」

　　我問：「要採取什麼措施呢？」

　　她說：「奇哉！請聽請聽善男子，出生東族之中者，名字末尾有卓字，因有往昔之願力，如若依之作手印，消除壽障圓財富，又得三種珍寶珠，盛名遍及於三地。知曉

無誤之要點，選錯成為損害因，若以如此要訣攝，弟子紛至而杳來。邊鄙外道咒力強，有害法主之壽命。對此要觀修本尊，勤於空性見修為要點。自此再過八十年，正法甘露會消逝，邊陲邪教遍大地，從火雞年之時起，眾人悉皆失正念，致力紛亂之戰爭。土匪強盜充山川，佛法眾生樂日落。黑蛇盤繞在水裡（指水蛇年），你若抵至霍門地，開啟隱蔽剎土門，大好良機莫坐失。如若不具此要領，多境上方之地點，有度化土當蒞臨。如若忠心而依止，自在瑪哈得瓦妙。此話切切記心中。」說完就消失無影了。

　　我按照空行母所說行事，脫離了大的壽障。正如空行母預言的那樣，後來我在五十九歲水蛇年準備到班瑪境地，可是由其他外緣破壞了緣起，而行程沒有成功。在那以後，我在喇榮建房時，個別發邪願的魔幻化從中作梗，出現了些住所不妙的惡相。

一世敦珠法王自傳

四十八歲

在我四十八歲那年冬天，我給一百名左右的弟子傳授斷魔和大圓滿引導。十一月初十的晚上，說是遍行能明空行母的一個女子對我說了這番話：「奇哉！不要渙散傾聽空行的話語，在這個地方，受持你教法的大德中，有班瑪名稱的人，實修切合要點，居無定所；有敦思名字的大德，秉承大圓滿密意通徹的言教，居於不定的山間，如果沒有被邪道惡魔欺惑，獲得大虹身，現前成佛；名字中有嘉措的大德，策勵修行精華法門，如果能做到終生修行，獲證真實圓滿佛果；名字結尾有珠字的大德，如果沒有周旋在世間八法中，將成就虹身幻身；名字以繞結尾的大德，如果沒有被八風所誘惑，將成就虹身幻身勝果。他們是堪為法器的弟子。惡濁之時，如果對剛強的人傳講教授，就會被空行所欺，不幸紛紛而起，因此要嚴守秘密。」說完就消失了。

十二月十六那天，說是大密藏空行母的一個黑色女人說：「奇哉，此地是空行聖母、蓮花空行聚集的聖地，對面的那片森林住著樹神母，她與曼姆、夏薩、卓綽瑪、莫珍四位相伴，如果沒有依靠誅法降伏她，以息業無法指使，到了猴年，會出現預兆，要集中精力運用誅業。」說完她就無蹤無影了。

四十九歲

　　我四十九歲的那一年，三月初六的晚上，一位肌膚紅色、穿著紅錦緞衣裳的空行母牽著我的右手說：「我們去楊柳剎土去觀賞好嗎？」就這樣，我們在上方八由旬高的空中以飛行姿勢翱翔，向東而行，我眼前浮現出這樣一幅場面：

　　在一個大山谷尾端，有一片茂密的森林，中間到處是檀香樹、青竹、果樹。溝頭，一座青青的山嶺閃閃發光，高聳入雲，層巒疊嶂，猶如太陽光或髮絲被風吹拂一樣的光芒耀眼，山腳下是黑色的湖，深不見底，湖面浩渺，湖裡和湖畔，有成群的厲鬼、起屍、食肉鬼、奪命鬼，相貌如同醜陋的人和羅剎，有各種各樣的頭相，它們的叫囂和狂笑聲，震懾現有的鬼神。

　　在那座山的頂峰，有一所寬敞的無量殿，三座山高的牆壁上釘著天鐵的釘子，塗著合金熔液，宮殿中央，是青蛙、鯨魚、大蛇堆積而成的座，蓮花日月墊上，一位深藍色的忿怒本尊，令人望而生畏，他頸上帶著蛇和人頭鬘作裝飾，骨灰和血點作胭脂，就像水中映出影子一樣呈現出，他具有三頭、六臂、四足，在紅黑的熊熊火焰盛燃中好似燈芯般的他那紅黃色的頭髮向上豎立，縫隙中迸發火大鵬，他的周圍是不可思議的忿怒眷屬。我向他禮拜，周匝轉繞以後頭觸他的足而發願。那位忿怒尊者將所有的標幟放在我的頭上說：「願你成為三世如來的補處，獲得救

一世敦珠法王自傳

脫輪迴的灌頂，獲證三界法王的果位。我的化身大成就者薩繞哈，宣說我的忿怒佛母的教授，如果所有弟子都精進實修，自然而然能消除一切違緣。」

在那方國土的上方越過一由旬的上空，又有一個盡善盡美的國度，中間奇珍異寶形成的廣大無量宮，中央寶座之上，一位深藍色的寂靜本尊，相好莊嚴，佩有眾多報身裝飾。我一見到他，就以最大的恭敬作禮，轉繞，以頭碰觸其足，發願。

尊者用金剛杵接觸我的頭說道：「願你圓滿我修法的灌頂傳承。」

最後他問我：「善男子，你正在將伏藏法立成文字嗎？」

我稟告說：「儘管我立了一些文字，但有遠見卓識的智者們多數都說：『以前佛陀的經典及高僧大德的論著已經足夠了。』我覺得的確如此。也就沒有更多地立成文字。」

聖尊說：「哈哈！看來他們並不是有遠見卓識的智者，不具備究竟觀察的見識，由於以往歷經了多生累世，輾轉得太多，由上師弟子發生矛盾，使灌頂、經教的傳承中斷，而失去加持力，（蓮花生大士）正是考慮到這一點才把伏藏品隱蔽在地、石、山岩處，那些人所說絕對是不知此情的愚昧言辭。當然，以往出世的諸佛所說的一切法，從自身角度而言，不存在加持消失的情況，可是由補特伽羅的造業導致得不到加持，如果灌頂言教的傳承代代

146

延續，那麼加持、成就就會又近又快，因此要明白，甚深伏藏要迅速立成文字，為堪為法器的所有弟子傳講，讓他們通過實修而抵達解脫果位。以後，邊陲邪教如天濛濛亮一般近在眼前，紛紛出現，而佛教住期極短，所以要疾速弘揚。你與我無二無別，要常常持誦我的所有咒語。現在所有的灌頂傳承都已圓滿。教授方面，現有輪涅所攝的萬法不離開空性的遊舞，要原原本本認識這一實相。空性猶如虛空，倘若把我相和他相一切的一切斷定為唯一虛空的幻現和自性，就叫做清淨虛空的見解。恆時現前這種境界就是廣界虛空的修行。不離開這種境界，即是隨心所欲的行為，希望了達。依靠決定基，在道位時，所謂的頓超，就是悟入光明藏的教授，是以強制性方便使罪大惡極之人成佛的竅訣，你在六十二歲以後要切合要點而修行。如果這樣實修，可能會住世到八十歲，如果背離實修的要點，那麼壽量決定六十七年左右。」

最後，那個女子說：「走吧、走吧，看！快天亮了。」正當我一看時，就醒了。

一世敦珠法王自傳

五十歲

一般來說，凡是非人種類，都不會違越自己的承諾，可是前面提到的那個紫青樹神母是個背信棄義、十分可惡的傢伙，她違背了諾言。

我到了五十歲的時候，從一月起到四月之間，那個樹神母入於我的明妃、女兒以及所有侍女的心裡，使她們出現瘋瘋癲癲、昏迷不醒等現象，不管我怎麼努力修寂猛法都無濟於事。有一天，我一邊祈禱三寶三根本勇士空行眾睡下了。夢中：我見到了自己的殊勝上師晉美，上師慈愛地說：「你悲哀呼喚聖尊，到底是什麼事呀？給我講講。」

我躬身頂禮，恭恭敬敬地稟告：「大慈大悲的上師，你明明知道的，我的明妃、女兒都得了瘋癲昏倒的病，無論做什麼佛事，都起不到作用，這是什麼導致的呀？是什麼魔障？怎麼做才有效？」

上師答覆道：「依照空行母授記『只有用誅法才能降伏，除此之外做多少佛事都無效果』，的確應驗了。」說完就不見了。

後來我依教奉行，到那片樹林中，拋撒驅魔芥子，射出許多火箭，摧毀妖岩，斬斷妖樹，熏燒臭煙，降伏了她的三個樹神母眷屬。另有一位空行母瑪繞堅說：「剩下的一個樹神是萬索的調伏對象。」於是我就派他來降伏，他通過忿怒空行的火施降伏了她，驗相也現在眼前。

我在主樹神母的頭上插入六十次金剛橛，結果她逃到拉則嘎當神山裡去了。就這樣，所有患者都大病痊癒。

從那以後，按照持密藏空行母所說「現在去多耶昂巴山谷」，五月裡我去那裡居住下來，為雲集於那裡的一百名左右弟子講經說法。

八月初十的晚上，說是樂源的空行母，身上穿著白色的衣裳，手裡拿著香杖，這樣說道：「奇哉！尊貴的大德請傾聽，如果你不識我，我就是樂源空行母，如果你不知這個地方，它就是北方嘉札宗欽。你如果在此久留，佛法興盛，財源豐富，會廣泛利益眾生。由於業緣的感召，我沒有發現你有久留的緣分，此處的東方佛塔前，名叫東勒曼的天女，受持鄔金蓮師的意伏藏，三次呼喚她的名字，將賜予殊勝的佛塔。明年，虛空藏菩薩將誕生為你的兒子，對弘法利生大有神益。善持長人魔，發動兵亂，降下刀雨，要依靠土地神和紅黑夜叉護法神來對治，能消滅魔眾，切切莫忘記在心裡。」說完她就消失了。

九月初十的當天，我到該處附近東方有一個泥像堂的地方去看，發現在一塊岩石跟前有一棵樹，表面冒出青煙。當我面朝它喊了數遍「東勒曼」時，一個碧藍色的女子出現在面前說道：「你叫我幹什麼？」她接著又說：「哎呀，我是開玩笑的，你是切穹譯師吧？」

我回答：「是、是。」

她說：「啊，我認識你。」說完就拿來一個金剛橛和一個樺樹皮的小包，把那個金剛橛交給我說：「這是鄔金蓮花生大士交付的一百零八個橛中的一個，是指定交予你的。」說完就給了我。她又把樺樹皮的小包給我說：「這是七佛遺塔中的舍利，本來，此物與許多伏藏品是交付給伏藏大師大樂洲的，但由於他的緣起破壞了而沒有取到，現在交付給你。」接著她又完整地講述了這個地方的功德，也念誦了革拉護法神的煙祭說：「希望立成文字。」說完就融入到樹裡了。

　　由於許多鄉親們都用難以違越的發誓和嚴厲的法語說「你要回來」，我也不得不回到那裡。

五十歲

150

五十一歲

我五十一歲那年三月十五的當天，我搬到涅革章俄的山溪口安營紮寨。期間，到了一位來自爐霍的麻瘋病人，我不禁暗想：要找一個幫助他的辦法。

四月十五那天，切藏地方大約一百名軍兵來到，他們向我的帳篷大概射了二十個火箭，可是沒有中到帳篷，全部落到草原上了。

在此之後，我把伏藏箱摔在地上，開始念誦真言詛咒。後來所有軍兵在撤退時出現了一些惡兆，他們的領導內部有一個挑撥離間的人，他沒過一個月就死了。軍官將領與軍人之中多數沒過一年就喪命了。由於種種因緣促成，我們不能繼續住在那裡，於是再度搬遷回喇榮。從九月到十一月，我一直修本尊法。當時，說是切藏的土地神拉隆勒卡的十二匹人馬，氣勢洶洶來到我的上方，當時大夜叉護法神揮舞寶劍宰了五匹人馬，如同鷂鷹追小雞一樣把剩餘的七個趕回到了他們自己的地方。

那一年五月裡，我的一個兒子降生了，出生後二十天他就能叫媽媽，並會念誦六字真言，我給他取名叫拉欽多傑嘉波。

五十二歲

　　轉年，我到了五十二歲，五月十三的晚上，一位說是
蓮冠空行母白皙的女子對我說：「你如果明天占據地盤，
會有飲食的悉地，最後屬魔美達瑪波的一個幻化，把它給
了別人，那時就到了你必須用誅法的緊急關頭。」另外，
她還講了關於未來的許多授記，之後就消失了。有一次，
瓦述[19]官員對我說：「紫青的那個樹神母是我們最好的土
地神。所以，你要叫她回來。」六月二十六那天，我帶著
幾個道友到以前住的那座山頂，連著喊了三遍：「紫青樹
神母，你上來吧！上來吧！」結果，當場的人們有目共睹
了她到來的徵相：伴著巨大的響聲，刮起一陣黑黑的旋
風，從虛空最後到了樹林裡。

　　九月初十，當我入定於光明境界中時，覺受光明的顯
現中，我見到：彩虹光束的瓔珞縈繞中，說是鄔金得達嘉
波的人身色金黃，右手持著伏藏寶瓶，左手擎著吐寶獸，
身披大氅和三法衣，頭戴蓮花見解脫帽，他半靜半怒地
說：「你需要什麼？」我回答：「我需求財產受用。」大
師說：「我也想你需要財富，才來到這裡。我是財神阿巴
繞則，與大夜叉護法神、金剛手無二無別，顯示財神相，
我來講解它的甚深修法，請認真聽聞，銘記在心。」說罷
就完整授予了《阿巴繞則修法》的灌頂和傳承，我的相續
如同刻印一般了然呈現。他又說：「奇哉！大德，當今時

五十二歲

---

⑲瓦述：藏區一氏族名。此一氏族散居在青康交界牧區中，是十八述氏家族之一。

代，只是精進念誦不會獲得悉地，那是由於不具備生圓次第所導致的。然而，很多人不知道這一點反而怨本尊、怪行人，不應該這樣，要做到觀修念誦不相脫離來實修。」說完就不見了。

一世敦珠法王自傳

五十三歲

我五十三歲那年，在傳授大法引導期間，屢屢出現了空行不悅的相兆。我在想這是什麼過失造成的。

十一月二十四晚上夢裡：當面見我的上師嘉揚時，我這樣請問：「奇哉，徹知三世的上師，雖然您在人間住世時從不說授記和神通，但現在您智慧幻身無所不知、無所不曉。當前，我除了修行，沒有做什麼令空行不高興的事，可是多番出現空行心情不悅的相，這到底是什麼導致的呢？」

上師說：「你的確沒有做過非法之事，可是大圓滿是一切佛母、空行的殊妙心髓，如果對破誓言、不實修、顛倒受持意義以及不誠信的人們廣傳，那就是佛母、空行心情不悅的因，除此之外，眾生的惡行是眾生的本性，有什麼可不悅的呢？為此要記住，勤奮念誦百字明，懺悔淨罪至關重要。現在你的所有弟子，上等者居於不定的深山，中等者終生在城裡修行，下等者最起碼也要每年修行一個月，這樣一來，講者宣講，聽者聞受才有實際意義。」

此後，我就這樣懺悔淨罪，由此所有惡相都化為烏有了。

五十四歲

我五十四歲那一年，五月初十夜晚夢中：說是具法眼空行母的女子出現在我的對面，她膚色湛藍，全身赤裸佩帶骨飾，她問我：「你在想什麼？求什麼？」我說：「請你給我預示吉凶。」她說：「善男子，你聽我講，你自此前去上方，北方多庫地方，有你所調化的剎土，也有一些財產受用，也有少許安樂的時機。當然只是暫時擁有，持久永恆的安樂，在南贍部洲絕不會有。外道邊陲邪教以咒語、惡行和定力，蠱惑眾人的心相續，致力於搶劫盜取摧毀之事，內中外一切地方，發生大中小衝突，軍事騷亂，兵戈相戰。人畜疾疫四起。邊地之人臨近來到中土，佛教、眾生快樂的太陽被遮蔽，因此沒有安寧的時機。如果尋求暫時舒適，隨意遷居，把這當作無上的授記。」

在那一年六月初十的一天，我在哦穹達西傳法期間，心裡一直惦記「我的家人平安嗎」？一天晚上，夢中，紅黑現巴夜叉護法在天地之間到處降下心血的大雨，伴著「哈哈卡」的聲音充滿整個空間，然後他來到我的對面說：「如果你不懂、不明白，我來說明。」

我問他：「我的家人安寧嗎？」

他說：「安寧、安寧。今年，華給活佛也會來到。」

我驚奇地說：「啊？華給活佛已經圓寂了。」

他說：「雖然已經圓寂不住世了，據說他又再度降臨轉世，在九月裡將得以拜見。看看我的肉庫已經空空如也

一世敦珠法王自傳

了。」我發現在一間空蕩蕩的房子裡只有一個腐爛的前腿肉。

我問：「這是什麼意思？」他說：「這是你沒有供給我肉所導致的。」我說：「諸位智者們都說：不准擺設肉類供品，那是什麼意思呢？」

他哈哈大笑地說：「上至怙主勒丹，下至獨角鬼塔嘉，沒有不喜歡肉食的，為什麼呢？五毒相續錯亂的行人修行平庸所取能取的所有天尊，都是以平庸五毒的本性而居，因此全部貪婪血肉食品、喜歡殺業，就被立為屠殺佛教怨敵性命之劊子手的護法神。要認識到這一點。降伏佛教怨敵之後，也非常希望得到酬謝。由您們意識所產生的我們，也喜愛您們所喜愛的一切飲食。」說完就消失了。

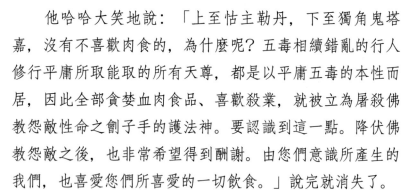

　　自在忿怒大夜叉，明確所說甚深義，
　　五毒擾亂相續人，實執所取能取法，
　　所修本尊世護神，法界智慧無二致，
　　清淨所見知智尊，此宣阿底宗密要，
　　不合尋思者之心，如小針眼容空際。
　　是故傳承師竅訣，結合教理內體悟，
　　無誤領會尤重要。

在那一年，（某月）十九的晚上，我夢到：一個故去的老僧人，手裡拿著一把長長的刀子說：「你來到此地到底有什麼目的，我一定要殺死你。」說完又跑又跳。

我問：「你有什麼神變？」

他洋洋自得地說：「看這是不是神變？」說完縱身飛

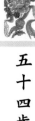

到上空的雲間。

「再看，這是不是神變？」他又在大河裡像魚兒一樣遨遊。

「再瞧，這是不是神變？」他又鑽入紅岩穴裡，用一卡長的鐵指甲徑直刺透所有的石頭。

最後他說：「如果明天你還不離開，我當天晚上就殺掉你。」

「我發誓不走，你殺我！從沒有聽過意形的鬼神在夢裡能殺人。」說著我右手擒住他，他的刀掉到地上，指甲抓胸，我把他抱在懷裡，仰面朝天打翻在地，將他的頭平均劃成四瓣，吮吸他的腦髓。

他苦苦求饒：「不要殺我，我發誓不再加害你。」

之後，我就這樣觀想：用天鐵金剛形成的鐵絲套住他的四肢，隨即用四個天鐵橛插在黑風山十字金剛杵上，使他無可逃脫。如此一來，也就大功告成。

後來在上達西修行時，一天晚上的夢裡，東方出現烏雲，從中有一個身體紅色、騎著紅馬的人說：「你要離開，否則我就殺了你，吃你的肉，喝你的血，啃你的骨頭，一點不剩。」

我問：「你是誰派來的？」

「我是嘎桑多吉所派。目的是：這一地帶有一個法油子僧人野蠻殘暴，犯下彌天大罪，在沒有斷絕他的性命之前，我絕不離開。」他說完就拉弓射箭，正在這時，大夜

叉護法神揮舞寶劍，從中間斬斷了他的弓。

於是，我抓住他說：「你要殺我，我能不殺你嗎？」說罷將刀插入他的胸口。他叫著：「哎呀呀，饒命啊！我發誓不再害你。」我讓他發誓不害所有的施主。他說：「我發誓暫時不害。」接著大夜叉護法神說道：「上方的鳥落到家，那是詛咒護法懾服的相兆，如果殺了牠，惡兆會消失無蹤；倘若放了牠，會再來三次。此地都成了我的百姓，我要盡力幫助，如果你也身居此處，暫時會福星高照，由以前破壞緣起所致，有些弟子會趨入法界（指圓寂），因此眾人要安頓下來，悟入光明藏為要訣。」說完他就消失了。

第二天晚上，一隻靈鷲落到篷子裡，我實在不敢說「殺牠」，結果別人就沒有殺牠而把牠趕走、放了。次日，牠又待在門前，最後無處可去。

七月裡，我到了自己的住地喇榮，九月裡去主持也欽一座寺院的大修。期間的一天晚上夢裡：一個右眼失明的老僧人從我的背後把我抱在懷裡，說：「我的食物落到也欽家裡了，你來此處有什麼目的？你今晚就沒命了。」

我用力準備起來，卻被他緊緊束縛住，無法站起來。

他說：「我修行大威德法，切合要點已經念誦了一億心咒，真正成了大威德，我曾經攝取了許多高僧大德的命脈，這下該輪到你了，可憐的人。」

當下，我觀想：自己的心與他的神識無別融合，在法

158

界清淨虛空境界中，以三聲「啪達」，融合一體。一下子他就鬆開了我，一切就蕩然無存了。另外，在當地聲稱修行大威德成就的眾多魔鬼出現，但都被大夜叉護法神以誅殺的方式予以制服，而對我無機可乘。

一世敦珠法王自傳

五十五歲

　　我五十五歲那一年是牛年，三月初四的晚上，我夢到：一個身穿青色羅瑪衣裳的黑色女人對我說：「請聽，善緣人請你聽，東方可怖的羅刹，削斷南方羅刹的髮髻，佛教徒和苯教徒顯現為不共戴天的冤家，大羅刹放出勾召咒，為了回遮來呼喚你，你全力以赴修行本尊，依此要點能消除自身的外緣，也能遣除施主之緣。」說完就消失了。七月裡，有人從果洛來喊我時，我就去了那裡。

五
十
五
歲

160

五十六歲

　　我到了五十六歲時，在勒達強建了賢劫寺。那一年四月初八，我面見密智空行母。她說：「尊貴的大士，你的那位高足，在兔年一月二十一日晚必定往生到鄔金空行洲。兔年末，到賢劫寺去，暫時安住會吉祥善妙。」在那一年九月十九，空行母益西措嘉說：「明年金剛手的一位化身來投生為你的兒子。」還講了當時當地的許多授記。然後就不見了。

五十七歲

　　轉年我到了五十七歲，正月二十一那天，我的那個弟子圓寂了。二月初五的晚上，「則列曼」空行母對我說：「奇哉！請聽善緣士，我是則列曼，來自妙拂境，此年中秋月，上方有數人，迎請華智尊，使者兩次至，未到羊年前，非是坐床時，空行令延遲。依如使者說，有大義莫拒！倘若得坐床，也能利眾生。至秋九月際，切莫住此處，搬至上方妙。」說完就消失了。

　　九月裡，我到了賢劫寺，冬季十二月初十那一天，我面見空行多吉嘎堪瑪。她說：「奇哉！具緣善男子，雲遊這個地方，要酬補土地神，誦十萬度母咒，十萬成所願偈，多印陀羅尼經，多插經幡，誦蓮師心咒，屢屢穰解回遮，每年依金剛橛，降魔至為重要。酬補空行佛母，勤行淨懺儀軌，北方怨敵出沒，年年多作擦擦(泥塔小像)，以陀羅尼裝藏，如是成辦善妙。」說完就消失了。

　　空行益西旺丹又說：「在瑪多札西嘎切地，建成寺院已，昔境如幻戲，遷居緣起致，知此深思義。」說著又杳無行蹤了。

五十八歲

我到了五十八歲，一月初一的夜晚，夢裡面見了多吉耶喜瑪空行母。她告訴我說：「很快有人邀請你時，你要毫不猶豫去往那裡。到彼處之時，你會獲得所需要的資財。四月裡，來一位迎請的使者時你就去彼地。今年正當你積累所有財產、家畜之際。」說完就消失了。

四月裡來了一位請我的人，於是我就去了下達土境內，得到了一些家畜的供品，返回故鄉。

五月裡，我去泡溫泉時，又從上達土來了一位邀請的使者，於是我去了那裡，在八天當中舉行大修。接著八天，傳講引導法，信眾供養大量的牲口，還有人說「供養僧人和寺院」。當時，我觀察自己的夢，一位名叫益西旺姆的空行母這樣說道：「誒誒，請聽善緣士，若想居此處，高官多著魔，引領各方魔，境如夢中境，舍宅如鳥穴，人如集市客，假僧如黃狼，不見住此緣，此事記心中。」最後她消失於虛空界中。之後，對於別人供養僧人和寺院，我表面顯得很高興（而沒有接受），然後便回到故土。

十月初八的晚上夢中：空行母班瑪創巴堅（蓮花鬘）對我說：「你在這個冬天要專心進行一次甚深的月修，依靠它能制服鬼魅，這一點極為關鍵，必須慎重為是。」末了，她唱了許多有關當時、當地的授記歌，最後消失不見了。

一世敦珠法王自傳

到了初十那天，空行母薩恰旺姆說：「我們去觀光吧。」我馬上和她一起騰越到大約五十尋的上空，來到一個碧綠燦爛的大山頂峰越過一由旬的地方，翠綠光輝形成的大地幅員遼闊，中央是有些寶石所成的廣大無量宮，裡面蓮花月墊上，至尊聖度母身色墨綠，右手拿著寶瓶，左手持執青蓮花，以圓滿報身裝束嚴飾，雙足作王妃起舞式，居於彩虹光芒縈繞之中，相貌極其莊嚴，令人動心，現為八歲妙齡童女，閃閃發光，她由二十位度母和不可思議的菩薩會眾圍繞著。我見到她時恭敬頂禮並轉繞，頂戴祈求說：「出生一切佛陀的大佛母，從現在起乃至我沒有獲得遍知佛果之前，祈求您加持攝受我。」

這時，聖母開口說：「您要觀想我，要讚歎我，專注於智慧和心融為一體中。」

我念誦「嗡，至尊聖度母前頂禮，諸如來前發心成佛母……」的讚頌，重複念了三遍，最後發願。

度母把一個綠蓮花上又白又亮的水晶念珠賜給我說：「這個送給你，揣在懷中。」這時，我被傳出的「啪達啪達啪達」聲喚醒了。

在十一月初九那天，空行母美耶創堅瑪（火鬘母）對我說：「善男子呀，你要在一個月裡精勤念修《大自在天修法》，必須做到善始善終。將人畜的經懺佛事放在首位至關重要。」

五十八歲

164

依照她所說，在我開始念修《大自在天修法》。過了
二十一天的晚上，夢中紅光所成的無量殿裡，紅寶石組成
的高廣寶座蓮花日月墊上，豔如紅寶石般的大自在天，如
劫末火般光芒耀眼，半靜半怒，他由俄瑪得瓦佛母和四
時吉祥怙主驕矜的天女會眾所環繞。我見到他時，他說：
「你雖然精勤修行、供養我，可是由於修行助伴不妙，不
會獲得大悉地，以後會得到些微悉地。」說完給了我一把
鐵鉤，就消失不見了。

一世敦珠法王自傳

五十九歲

　　我五十九歲那年一月初一的晚上，說是西方蓮花空行母、肌膚紅色、十分美麗、令人觀不厭足的一個女子來到我的對面這樣說：「我來自西方蓮花光剎土，我無住無去，顯現在你智慧妙力中，淨土的所有空行母顯現授記也都如此。我來此的目的是這樣的，以前那個叫得樂的比丘依靠邪願力使邊陲邪教如海嘯般出現。在今年，從此向西方，有個叫班瑪古的隱蔽地點，你去那裡。在加拉桑達的地方有一個如豬頭朝天般的山岩，那裡隱藏著標題和鑰匙伏藏，取出它，開啟秘密剎土的門，能打開六十九種隱蔽山谷之門，必然廣利眾生。絕不能越過了今年的這個時節，要落到實處。嘿！木羊之年起，魔毒水醉人，五毒盛如火，漫山遍各方，貪婪盜匪事，內外紛爭起，善行漸減低，人馬多橫死，種種不定疾，非天慢魔害。今無快樂時，迅速赴彼地。」說完她就消失了。

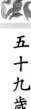

　　在同年四月初十的夜晚，我的弟子阿旺嘉措以圓滿受用身的裝束嚴飾，從彩雲渾然的領域向我作禮，說道：「南無！皈依之處上師尊，我之壽命究竟已，五十二歲離人世，往生現喜之剎土。為諸有緣徒開示，直斷頓超雙運道，有緣勇猛而修行，有些解脫大虹身，有些解脫智慧幻。道友彭措札西尊，今年冬季十一月，往生秘境蓮花剎，持有大勇士之身，作為十萬眷屬師，弟子仁增嘉措

166

尊，也至彼處成勇士。我等抵至永樂地，悅耳歡歌作供養，祈願上師久住世。」說完他就無蹤無影了。

在七月十三那天，我的幼子拉多華嘉瓦，被認定為嘎託派達則桑哲寺無與倫比的活佛依欽仁波切的轉世，而登上高高的金座（坐床），最後回到家鄉，為已得蓮花生大士授記的弟子圓滿恩賜眾多灌頂、傳承。

在那一年的九月初十的夜裡，由許多珍寶飾品裝點的空行母得雪旺姆出現在我的對面這樣說道：「開隱剎門時已過，今於男女眾弟子，指示大虹身正道，嘎門嘎之群體中，三名士夫成虹身；嘉門嘉之群體中，二人成就大虹身。喇門喇之群體中，三人成就虹光身；達門達之群體中，二人成就虹光身；大門大之群體中，五人成就虹光身；阿門阿之群體中，三人成就虹光身；東門東之群體中，一人成就虹光身；德門德之群體中，一人成就虹光身，格門格之群體中，四人成就虹光身；旺門旺之群體中，二人成就虹光身。你之此等弟子眾，遠離八法之境地，若修大虹身教授，專心勤修精華法，成百男女之行者，必定獲得大虹身。誒瑪於今濁世際，鄔金心法最殊勝，士夫安住你面前，精進傳講與修行，我以極其稀有語，如此歌詞供養您。」說完就消失了。

那一年十一月二十五晚上，我面見了聖者觀世音菩薩，他說：「孩兒呀，會出現個別引導下乘的上師對你

一世敦珠法王自傳

的見修加以詆毀誹謗，他們都是魔的眷屬。對此要放下
嗔恨、生起悲心。請聽，善緣之大德，光明大圓滿，福淺
無緣人，誹謗你可知？密乘大圓滿，眾生之福緣，無偏自
圓滿，愚法及一師，眾生之福緣。不知盲目者，相反向下
引。口頭喋喋說，駁斥大乘教，宣說邪魔道，惡業欺眾
生，護教斷貪嗔，當知大乘日，近落至暗際，培育眾弟
子。」說完就消失了。

在同年的十二月初八夜裡，拉吉卓瑪空行母降臨我
的對面這樣說道：「奇哉！請你聽我言，向西射螺箭，
中蓮莊嚴門，依有邪願人，戰爭奪毀緣，毒海極咆哮，
螺箭落其內。如今去彼處，無有福與緣，色彭魔幻化，烏
鴉自叫聲。眾人同心願，雪山白獅臨，發出怒吼聲，取龍
王頂寶。毒海極洶湧，龍魔兵上行，熄滅四教燈，黑毒蛇
口氣，毀維生藥效，邊陲烈火旺，焚教眾樂田，今無安樂
時。迅速離八法，勤修精華義，傳授最勝教，凤願結緣
者，有緣子徒現，予深傳家寶。你亦不久住，說真大圓
滿，僅此當知曉，善子知義否？」說著她就消失了。

六十歲

　　轉年我到了六十歲，一月初四的夜晚，一個名叫托畢創丹瑪的童女空行母，身色碧綠，披著黃底彩緞肩帔。她說：「東方任運自成莊嚴的剎土晉美上師叫你到那裡，你去嗎？」

　　「去！」我剛說完，她就牽著我的左手，由上方虛空向東而去，不久來到了一個優美愜意的剎土園林。在那裡，有一個琉璃寶形成的寬敞住舍，裡面珍寶座蓮花月墊上安坐著宛如生前一樣的晉美上師，我連忙向他頂禮說：「請上師賜予我一個殊勝甚深的灌頂。」

　　這時上師給我傳了覺性妙力大灌頂，說道：「兒呀，你的心性原本清淨，無有改造、無有取捨而安住在現前清淨虛空的法界境界中，使境界得以穩固。」說完就消失不見了。

　　十二月二十八那天，我夢到：說是耆婆醫生的一個鬚髮花白、滿面皺紋、手拄拐杖的老者，對我說：「今年你住房屋裡，明年必定住帳篷。如果你想這裡能否成立一個寺院，那麼必然要有一個講法修行閉關院。否則，取上寺院和學院的名稱也沒有必要。以前，雖然有一些怨敵、盜賊、土匪威脅，但在寺院裡不會有。可是，當今時代正值五百年濁世，在寺廟裡也有多之又多的怨敵、強盜、土匪，要對治它，就必須精進修行一髻佛母和繞呵拉，平時

一世敦珠法王自傳

要努力祈禱、酬補。當出現怨敵時，祈禱詛咒至關重要。當代的僧人們，連一個月嚴格閉關修行也做不到，雖有專一祈禱的人，但他不可能成就護法天尊，從而對護法天尊心灰意冷，對修法生起邪見，這些人自己不知自己的弊病，反而歸咎於他，想來他們真是可悲。就拿你們來說，以往具備咒力，現在沒有了，不知道是自己招致的，真是稀奇呀！」他諷刺地說。

我開腔了：「老人家你說什麼？不是護法神所致，是我導致的？怎麼是我導致了什麼？你如果真的知道就說吧，如果不知道，老人你空口說很多白話，有什麼實義？」

他說：「噢，是是是，我這許多空口白話並不專門給你和達西人說的，是對整個寺院的人說的。雖然你不高興，可確實是你招致的，而護法神沒有錯。那是怎麼招致的呢？你強行讓護法神詛咒，當在怨敵前顯出咒力驗相時，將別人家的牲畜驅逐之際，自己幸災樂禍，從而使護法神心生厭煩，而不可能為你行事。你們惡世的僧人極度貪執財食，所有人都如此而為，到頭來使護法神忿恨而對修行人製造違緣。當然就不可能具有咒力囉。」

我對他說：「你也言之有理，可是我也這樣想過，聽說你是一位卓越的醫生，當今時代的醫生認不清疾病，起不到利益，這是為什麼呢？」

他哈哈大笑說：「在這個惡時濁世，先前賢劫時的草和當今的六種妙藥效力功能相比，賢劫的草要好。先前的

水和當今的乳汁兩者相比，似乎從前的水味功用要好。因此藥物對疾病起不到作用，就是由此造成的。人們缺乏努力，對醫學一竅不通，昔日的病與當今的病截然不同，以至於人們不能正確診斷。老人我所說的和你提出的毫無必要的問題，有什麼用呢？」

我問：「我如果學醫，會懂嗎？」

「你上半生已經了結，到了餘暉般的晚年即使學醫，但我並沒有發現對自他能有利益。」說完就消失了。

一世敦珠法王自傳

六十一歲

隨後一年我到了六十一歲，有一天夜裡出現了一位身穿白色毡衣、身色白皙的孩童，他在我八歲到三十歲之間，曾經一直在夜晚夢裡形影不離。我到了三十三歲的一天夜裡，他對我這樣說：「噢，現在你稍稍認識見解，要知道那是我的恩德所致。我叫螺耳天童，受大聖觀世音菩薩委派做你的友伴，現在暫時我和你不再見面。」說完就消失了。

當天晚上他又再度現身，對我說：「你如今福祿名聲的一切功德樣樣齊全，我真是歡喜。今年二月裡，搭一個帳篷，住在裡面，帳篷的順緣容易實現，從此之後去哪兒都不費力。」

我說：「有人說要在這個寺院裡為我修一個大殿。如果那是真的，住在這兒就很方便。」

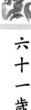

這時，他說：「今年如果修建，似乎不會建成，現在時機還不到，明年到匝嘉寺，這個地方附近可能會出現兵荒馬亂，那裡沒有大礙。唉唉！從小俱生友，請你聽我言，現有諸器情，夢幻之城市，不永存知否？一切有為法，自現虛妄相，遷變可知否？尋得所積財，猶如兒戲已，無實可知否？為了子與妻，畢生作惡果，自受可知否？境宅財與食，以為永受用，如夢初醒般，不永留知否？壽盡老年人，預備永住留，無暇住知否？屢屢務瑣事，無有知足行，事未完結時，去後世知否？解脫輪迴

172

法，成就之士夫，具義可知否？身語無閒暇，雖積多善法，流轉因知否？本基普賢王，離戲虛空際，需證果知否？安住於自地，法性法之最，自在得知否？基現清淨眷，現前本性中，無剎可知否？遠離諸言說，法性已現前，乘頂可知否？若知無作中，任運觀法界，不淨業緣淨，遷往澄清界。往生澄清界，法身離戲邊，獲得正覺果。我去觀音剎，不退轉而行，離行與行境，逸然而安住。」說著他就消失了。

在七月裡，我被請到匝嘉寺去了。到了那裡，僧人列隊相迎，他們為華給活佛轉世舉行坐床儀式。隨後從十一月起到十二月之間，一直傳法。

一世敦珠法王自傳

六十二歲

我六十二歲那年二月下旬，我們又搬遷到赤瓦瑪山谷。四月初八的晚上夢裡：一個女子說：「我叫桑波炯瑪，我們去色達珠日神山裡去觀賞一番好嗎？」

我對她這樣說：「就是一座山，沒有什麼好看的。」

她卻不以為然地說：「雖然外面是山，但內在可是廣大的境地。」

我又說：「小小的山不能容納廣大的境地。」

她說：「夢中的遼闊地域與非人的城市相仿。」

我想她說的是真的，於是便和她一起前去。

當到了那座山的山腳下時，山不見了，而有一座觸及雲霄的雄偉建築，上面是金頂，中部是合金溶液所造，下部和地基是松耳石製成。走進裡面，有五層樓，會集了不可思議的食肉女鬼、起屍和獨角鬼眾。我問道：「你們為什麼聚集在這兒？」

一個長著鬍鬚的黑人說：「我們是珠日山神的奴隸。」

當我們進到第二層樓裡時，發現那裡有一個上師坐在大法座上，到處是許多僧人和門巴行腳僧。我問他們：「你們是誰？」

他們回答：「我們是應供部。」

到了第三層樓時，發現那裡遍滿了許多肉房，裡面有長著紅色眉毛的藍黑人、鬍鬚眉毛黑色的紅黑人以及鬍鬚

六十二歲

眉毛紅色的黃種人這三種人，正在用斧頭砍肉。我問他們：「你們是誰？」

一個黃膚色的人說：「我們是地神的管肉員。」

到了第四層樓時，那裡面四面八方都由許多房門環繞，中央各種緞子累疊的座上，一個女子，身色碧綠，光彩奪目，穿著種種綾羅妙衣，佩帶珍寶飾品，眾多美麗的童女侍候著她。我又問：「你們是誰？」

一個女子說：「我們是大地的主人，人類眾生的怙主，我們的主尊與大慈大悲觀世音菩薩無二無別的具德山神怙主的王妃——耶嘉瑪，是東方釀波耶則護法神的妹妹，也是顰眉度母的化現。」

到了第五層樓裡面，雲霧虹光繚繞的界域內，藍綢飄揚搭起的帷幕中央純金寶座柔軟錦緞層層疊疊上面，一個身色紫黑的人，頭上纏著白哈達頭巾，身穿紅藍色的妙衣，傲然而居。他的眷屬說之不盡。那個人說：「噢！你就是切穹譯師吧。」

我回答：「是的。」

他說：「在這兒為他設個座。」

格樂繞丹為我鋪了一個軟軟的緞子墊。於是我坐下。那個大人物說：「你在上面稍住片刻。」我在等候的時候，他又說：「據說你是一位伏藏大師啊？」

「是的。」

他問：「你有沒有常常面見本尊、得到授記？」

我回答：「我自從當初從母胎中降生以來，面見持明

勇士空行尊顏、他們予以授記的情況不可限量。尤其是從鄔金蓮師攝受時起，一剎那也不曾分離。拜見西方極樂世界無量光佛以後，得受極樂世界的修法灌頂和傳承。同樣，朝見藥師佛，他賜予了修法；面見金剛持佛時，他恩賜了教授的竅訣。面見八大持明時，他們授予了八大法行的灌頂、傳承。面見大宿釋迦烱乃，小宿協繞札巴尊容，他們恩賜了大圓滿法類。三次親見龍欽繞降尊者，完整恩授大圓滿的見修法。印度帕單巴尊者如理宣說空性見解的要義。見到瑪吉拉卓空行母，她恩賜甚深斷魔的教授。面見文殊菩薩，他賜予了《文殊密集》的灌頂、傳承；面見觀世音菩薩，他授予修法的灌頂、傳承和大本尊《瑪哈得瓦修法》的灌頂、傳承；見到密主金剛手菩薩，他圓滿賜予密主自己的修法和紅黑夜叉、繞呵拉、單堅護法神的修法灌頂傳承。再有，禮見文殊語獅子，他恩賜了虹身教授。此外，還面見了上師、本尊、空行護法得到許多授記，數不清了。」

我覺得，外界戰亂，血流成河，難以阻擋。於是問：「這個色達是吉是凶？」他說：「我的兒子，由於你嚴守戒律，該地沒有大危險。」

我又問：「有大的戰亂嗎？」

他說：「這一點就不需說了，顯而易見。對大德你，我供養此。」接著就賜給我一個石篋，並說：「東方釀波耶則護法神有個寶珠要給你，那是漢地大海裡的龍女仁欽贍朗旺姆委託他贈送的，要倍加恭敬。這個色達山溝，你

六十二歲

176

的後代要一直延續下去，從長遠來看似乎很善妙。現在不要耽擱久了，快回到自己的地方，兵荒馬亂會阻塞你的路。」

隨後，前面的那個女子說「該走了」，於是我感覺她朝著我的臉吹了口氣，結果我醒了，天已大亮。

春季三月末，我踏上了回鄉的路。五月下旬，到了家鄉。六月裡，出現了發生大的軍事騷亂時，所有凡人們說：「所有凡人都需要逃離。」當時我覺得也需要遷移。正當此際，面見了至尊聖度母，她說：「孩兒，你今年不需要逃避，人的軍隊不會造成威脅，而邊鄙野人依靠幻變收攝命氣的厲鬼出現，想逃也逃不了。」說完就消失不見了。

十月十八的晚上，我夢到：大批的漢人鋪天蓋地，誓言天女札母哈從虛空界中說：「漢族之軍隊，邪願魔統領，念修獅面母，恆常作回遮。月修大自在，精進自避難。」說完就消失了。

到了十二月十五那天晚上夢裡：雲朵、彩虹縈繞之中，空行益西措嘉的上半身顯露出來，這樣說道：「奇哉！你稍傾聽教授：傳記立成文字，是先佛之傳統，諸位善緣弟子，迅速圓滿方便。佛子揚攀塔益，熱穹多吉札巴，令其校正文字。觀今吵吵嚷嚷，身心紛紛亂亂。」我問：「佛子揚攀塔益，已經去往淨土了，多吉札巴也找不

177

到呀？你到底在說什麼？」她說：「嘿！你可知道，佛子揚攀塔益是，東族龍多嘉措尊，若未勤修長壽軌，住世不久趨法界；熱穹多吉札巴是，東族欽繞嘉措尊，若未居於不定山，無有長久住世緣。是故切莫久延誤，速立文字至究竟……」她作了許多授記，為我摸頂以後就消失不見。

六十二歲

　　以上所述，是為了有信心的弟子們才不辭辛苦將自己的生平立成文字，中期因為傳法等其餘事而耽擱下來，後按照空行授記要求很快完成。雖說所有經歷並非僅此而已，但大多數都已經忘卻了，年月日想不起來的部分也就沒有寫，重要的大體匯集於此。先前在土鼠年，我的弟子——得授記的大德才傑，獻上吉祥哈達、珍寶鑲嵌精美的手鼓和標準的人脛號角勸請；具有不退信心的弟子嘉華，也以獅子圖案的吉祥結點綴的絢麗花布、松石、珊瑚誠懇勸請；後來，色達喇榮的許多具緣弟子道友同時供養白銀、綢緞、茶磚等大量財物，他們有些終生遠離世間瑣事依止寂靜處，還有些人根據自己的情況發誓在十三年、十八年等期間精進修行，以諸如此類的廣大實修之法供養勸請我撰寫自傳。臨近開始時，又有許多弟子再再勸請，敦珠多吉（一世敦珠法王）我撰著，欽繞嘉措、得勒華桑等執筆，大智者班瑪龍多活佛謹慎校對，願此傳記廣興十方三時，久住世間！

二零零八年九月一八日
譯畢於成都華西醫院

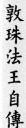

一世敦珠法王自傳